Inhalt

W0063669

LARRY ROSENBERG MIT LAURA ZIMMERMAN

ATEMBEWUSSTHEIT UND MEDITATION

ACHTSAM IN JEDEM AUGENBLICK

Übertragen aus dem Amerikanischen von Stephan Schuhmacher

WINDPFERD

Titel der amerikanischen Originalausgabe
Three Steps to Awakening – A Practice to Bringing Mindfulness to Life
Erschienen bei Shambhala Publications, Inc., Horticultural Hall,
300 Massachusetts Avenue, Boston, MA 02115, U.S.A.
www.shambhala.com
© 2013 by Larry Rosenberg
Interview mit Krishnamurti © by Madeline Drexler
Nachdruck mit freundlicher Genehmigung

Übertragen aus dem amerikanischen Englisch von *Stephan Schuhmacher*

1. Auflage 2015
© 2014 Windpferd Verlagsgesellschaft mbH, Oberstdorf
Alle Rechte vorbehalten
Umschlaggestaltung: Jennifer Jünemann – www.bitdifferent.de,
Satz und Layout: Marx Grafik & ArtWork
Lektorat: Sylvia Luetjohann
Gesetzt aus der Adobe Text Pro
Druck: Himmer AG, Augsburg

MIX
Papier aus verantwor-
tungsvollen Quellen
FSC® C095359

Printed in Germany
ISBN 978-3-86410-100-7
www.windpferd.de

Jiddu Krishnamurti gewidmet.

Auch viele Jahre nach seinem Tod ist der tiefgreifende Einfluss,
den Jiddu Krishnamurti und seine wundervolle Lehre
auf mein Leben gehabt haben,
in diesem Buch noch offensichtlich.
Seine unerbittliche Betonung des Faktischen
ist mir bis auf den heutigen Tag
bewusst geblieben.

Unsagbar segensreich!
Vielen Dank, Krishnaji

Seit dem Alter von sechs Jahren war ich verrückt danach, die Form von Dingen zu malen. Im Alter von fünfzig Jahren hatte ich unendlich viele Zeichnungen veröffentlicht. Aber alles, was dabei herausgekommen ist, bevor ich siebzig wurde, ist nicht der Rede wert. Mit dreiundsiebzig habe ich ein wenig über die wahre Struktur der Natur, über Säugetiere, Pflanzen, Bäume, Vögel, Fische und Insekten gelernt. Darum werde ich mit achtzig Jahren noch mehr Fortschritte gemacht haben. Mit neunzig werde ich in das Geheimnis der Dinge eindringen; mit hundert werde ich gewiss ein wunderbares Stadium erreicht haben. Wenn ich dann hundertzehn Jahre alt bin, wird alles, was ich male, sei es ein Punkt oder eine Linie, lebendig sein. Ich bitte euch, die ihr ebenso lange lebt wie ich, darauf zu achten, ob ich mein Wort halte.

GESCHRIEBEN IM ALTER VON FÜNFUNDSIEBZIG JAHREN VON MIR, DEM EHEMALIGEN HOKUSAI, HEUTE GAKYO ROJIN, DEM MALVERRÜCKTEN ALTEN (1835)

Danksagung

Als Krishnamurti im Jahre 1986 gestorben war, fragte ich nach, wer seine Lehren wirklich „begriffen" habe. Der Name Vimala Thakar, einer Frau, die in Mount Abu in Indien lebte, wurde immer wieder genannt. Nachdem wir viele Briefe gewechselt hatten, nahm sie meine Einladung an, nach Cambridge in die USA zu kommen, um ihr außerordentlich tiefes Verständnis mit uns allen zu teilen. Sie tat dies einige Jahre lang, bevor sie sich in ihrem Heim in Indien zur Ruhe setzte. Wir korrespondierten weiter bis zu ihrem Tod. Ich hatte ursprünglich beabsichtigt, dieses Buch ihr und Krishnamurti zu widmen, doch in dem letzten Brief vor ihrem Tod lehnte sie dies ab. Ihre Schriften und unsere vielen persönlichen Gespräche haben mein Leben bereichert, und sie bleiben bis heute eine Quelle der Inspiration für mich.

Jon Kabat-Zinn ist seit fast 50 Jahren ein guter Freund, Vertrauter und Yogi-Kollege für mich gewesen. Unsere zahllosen Diskussionen haben eindeutig dazu beigetragen, die hier vorgelegten Lehren auszuformen.

Matthew Daniell und Doug Phillips waren anfangs treue Schüler und sind heute enge Freunde und Kollegen als Lehrer. Unsere fortlaufenden und intensiven Gespräche über die Vipassana-Meditation haben meine Praxis und meine Lehren mehr bereichert, als sie sich wahrscheinlich vorstellen können.

Die Schriften und Lehren von Thanissaro Bhikkhu geben uns allen Gelegenheit, an seinem umfassenden Verständnis der Lehren Buddhas über die befreiende Kraft des achtsamen Atmens teilzuhaben. Wir haben im Laufe der Jahre viele Gespräche über dieses Thema geführt. Seine umsichtige Auslegung dieses Materials und seine Anregungen dazu waren überaus hilfreich. Wir sind in vielen Punkten völlig verschiedener Ansicht, aber das scheint unsere Freundschaft eher zu bereichern als sie zu beeinträchtigen.

Jacalyn Bennett, eine liebe Freundin und Schülerin über viele Jahre hinweg, hat mich mit liebevollen Worten und finanzieller Unterstützung ständig dazu ermuntert, dieses Buch fertigzustellen. Ihre Ermutigung war ganz wesentlich!

Dennis Humphreys, seit vielen Jahren ein hingebungsvoller Schüler und Freund, hat mich unablässig – immer voller Zuneigung und Humor – gepiesackt und gedrängt, das, was ich lehre, in eine brauchbare Form zu gießen. Hier ist das Resultat.

Ich danke den zahllosen Yogis am Cambridge Insight Meditation Center für ihre Fragen und ihre Berichte über die Meditationspraxis und auch dafür, dass sie eine große Menge an Dharma-Darlegungen transkribiert und damit das Rohmaterial für diese Publikation bereitgestellt haben.

Die Großzügigkeit von Joe Shay war eine enorme Hilfe während jedes Schritts auf dem Weg.

Dave O'Neal. Was soll ich sagen? Dieser bescheidene, brillante Gentleman der leisen Töne hat mich zum dritten Mal wissen lassen, dass unter dem ganzen Berg von Worten ein hilfreiches Buch verborgen lag, und mir dann ganz klar gesagt, was ich damit anfangen solle. All das auf sehr behutsame und humorvolle Weise.

Meine Freundin Madeline Drexler, eine professionelle Autorin und Lektorin, die die Vipassana-Meditation und die Lehre Krishnamurtis liebt, hat das Manuskript sehr genau durchgesehen und ihm ihre Fachkenntnisse angedeihen lassen. Sie machte auch das Gedenken an Krishnamurti im Anhang möglich.

Laura Zimmerman, eine langjährige Schülerin und überaus sachkundige Lektorin sowie eine wundervolle Freundin, hat eine große Menge an Material aus den Dharma-Darlegungen zu einem kohärenten Dokument strukturiert, während sie gleichzeitig den ursprünglichen Tonfall dieser Lehren beibehielt. Sie hat dieses Buch möglich gemacht!

Und zu guter Letzt bin ich meiner Frau Galina für ihre liebevolle Unterstützung dankbar – und dafür, dass sie mich zur rechten Zeit aufzufordern wusste, beim Schreiben eine Pause zu machen und es schließlich – jetzt reicht es aber! – zum Abschluss zu bringen.

Einführung

Atmen heißt lebendig sein!

Kann ein so grundlegender natürlicher Prozess wie das Ein- und Ausatmen tatsächlich die Grundlage für eine befreiende Meditationspraxis sein?

Der Buddha würde antworten: Ja! Er erkannte, dass der Prozess der Atmung, der so oft für selbstverständlich gehalten wird, das Fundament einer Methode des Erwachens darstellt, die uns allen zur Verfügung steht. Er nannte diese Methode *Anapanasati* oder „Achtsamkeit beim Atmen" und beschrieb sie in dem gleichnamigen *Sutta* (Skrt. *Sutra*).

Das vorliegende Buch erkundet diese klassische Methode und präsentiert eine dreistufige Herangehensweise an sie, die ich in mehr als 40 Jahren der Praxis, des Studiums und der Lehre entwickelt habe. Sie beruht auf meiner eigenen Erfahrung, den Lehren etlicher großer Meister und zahllosen Gesprächen mit anderen Dharma-Lehrern und Yogis. Außerdem verdankt sie den vielen Schülern eine Menge, die den Wert dieser speziellen Methode erkannt und dabei geholfen haben, meine Augen dafür zu öffnen, wie segensreich es sein kann, sie einem größeren Kreis von Übenden zugänglich zu machen.

Die Unterweisungen in diesem Buch weichen nur durch ihre dreiteilige Struktur von der klassischen Methode der Lehre von Anapanasati ab: Ganzkörper-Atembewusstheit, Atem als Anker und Wahlfreie Bewusstheit. Sie stehen jedoch, wie Sie sehen werden, nicht im Widerspruch zu der klassischen Methode – keineswegs! Sie stellen einen anpassungsfähigen Ansatz dar, der sich besonders gut für Menschen unserer Zeit eignet und der eine Reihe miteinander verbundener Bewusstheitsübungen anbietet, zwischen denen Sie sich – ihren eigenen Begabungen und ihrem Verständnis entsprechend – hin und her bewegen können. Sie geben einen klaren Kurs für diejenigen von Ihnen vor, die gerade erst die ersten Schritte auf dem Pfad der Achtsamkeitsmeditation machen, einen Kurs, dem Sie mit Ihrer Übung ein ganzes Leben lang folgen können. Gleichzeitig bieten diese Unterweisungen einen Ansatz für erfahrene Meditierende, der ihre Praxis neu beleben und verfeinern kann: Schließlich hat auch der Buddha selbst nach seinem Erwachen weiterhin die Atembewusstheit geübt.

Eine neue Betrachtungsweise einer alten Meditationspraxis

Im *Anapanasati Sutta* lehrt der Buddha sechzehn Kontemplationen über die Atembewusstheit, die seine grundlegenden Meditationsanweisungen darstellen. Diese grundlegenden Darlegungen wurden seit der Zeit Buddhas gelehrt, studiert, interpretiert und neuinterpretiert. In diesem Buch schlage ich Ihnen vor, es mit einer kondensierten Methode zu versuchen, die statt der traditionellen sechzehn Kontemplationen nur zwei Kontemplationen verwendet. Die erste Kontemplation lehrt die Übung von Atembewusstheit zur Beruhigung und Stabilisierung des Geistes. In der zweiten Kontemplation benutzen Sie den Atem als einen Anker oder einen guten Freund, mit dem Sie Geist, Körper und Atem zur gleichen Zeit erkunden können. Ohne von der Essenz der Unterweisungen Buddhas abzuweichen, ist diese kondensierte Methode der Atemmeditation für Yogis unserer Tage womöglich nützlicher und praktikabler als die traditionelle Methode. Sie kann Sie – ebenso wie die vollständige traditionelle Abfolge von sechzehn Kontemplationen – dazu führen, in die Freiheit hinein loszulassen.

Ich stelle hier auch noch eine dritte Kontemplation vor, die eng mit den ersten beiden verbunden ist. Ich nenne sie „Wahlfreie Bewusstheit", obwohl sie bereits unter vielen anderen Namen – etwa „Reines Bewusstsein", „Offenes Gewahrsein" oder die „Methode ohne Methode" – bekannt ist. Bei diesem Ansatz achten Sie auf alles, was Ihnen in Ihrem Leben begegnet, ohne etwas vorzuziehen oder abzulehnen. Es gibt darin keinen alleinigen Fokus für Ihre Aufmerksamkeit, nicht einmal die Fokussierung auf den Atem. Hier wird nichts ausgeschlossen – von der scheinbar alltäglichen Autofahrt zum Supermarkt bis hin zur scheinbar großartigen Einsicht auf dem Meditationskissen sind Sie all dessen gewahr, was geschieht. Bewusstes Gewahrsein ist Ihre Methode und Ihre Zuflucht.

Die Hinzufügung dieser dritten Kontemplation ist das ungewöhnlichste Element dieses Buches. Sie ist vielleicht das überraschendste Element für all jene, die bereits seit Langem Atembewusstheit üben, und das ist nicht verwunderlich, weil sie die Möglichkeit eröffnet, vom Atem als etwas „Besonderem" abzulassen und Zuflucht zur Bewusstheit selbst zu nehmen.

Paradoxerweise ist Wahlfreie Bewusstheit die erste Übung, die ich erlernt habe, sogar noch bevor ich den Buddhismus studiert habe! Heute, mehr als 40 Jahre später, veranlassen mich Übung und Lehre dazu, sie dieser dreiteiligen Methode der vollen Bewusstheit des Atems als ein wesentliches Element hinzuzufügen.

Es war nicht meine Absicht, einen dreiteiligen Ansatz zu konstruieren. Er hat sich vielmehr ganz natürlich über viele Jahre eigener Praxis und aus Beobachtungen anderer Yogis, die einen ähnlichen Pfad beschreiten, entwickelt. In diesem Buch versuche ich, diese Entwicklung auch anderen Yogis kohärent zu beschreiben, nicht nur solchen Übenden, die die Schönheit der schlichten Atembewusstheit als eine Hauptsäule ihrer Praxis nutzen wollen, sondern auch allen, die nach Weisheit und Mitgefühl suchen.

Atembewusstheit und der fragende Geist

Es wurde mir nur deshalb möglich, mich dem Buddhismus zuzuwenden, weil das erste Sutta, von dem ich erfahren habe, das *Kalama Sutta,* sich von allem unterschied, was ich in meiner Jugend gelesen und kennengelernt hatte. Im ersten Kapitel des vorliegenden Buches werfen wir einen Blick auf dieses Sutta, denn es ist die Grundlage für eine frische Betrachtung und ein neues Verständnis der Achtsamkeit beim Atmen. Es ist diese Darlegung, in der Buddha seine Zuhörer (die Kalamas, eine Gruppe von Suchenden im Indien des fünften Jahrhunderts vor unserer Zeitrechnung) auffordert, alle Lehren, die sie erhalten – auch seine eigenen –, zu hinterfragen.

Haben Sie dies bereits gelernt? Es sind eine Menge Scharlatane unterwegs. Vor Jahren sagte Swami Chinmayananda, ein wunderbarer Lehrer des Hinduismus, der mich den Vedanta lehrte: „Je länger der Bart, desto größer der Schwindel." Und er selbst hatte einen Bart, der fast bis zum Boden hinabreichte!

Natürlich rät uns der Buddha, den Rat der Weisen anzunehmen. Es wäre dumm, deren unermessliches Wissen und ihre Kompetenz zu ignorieren. Aber er sagt uns auch, wir sollten diese Lehren im Feuer unseres Lebens auf die Probe stellen. Hören Sie darauf, wägen Sie sie ab und hinterfragen Sie sie. Jeder einzelne von uns ist aufgefordert zu verstehen: „Warum leide ich so sehr?" – „Wie gehe ich mit meiner Umwelt um?" – „Was bringt Freude ins Leben?"

Für jemanden wie mich ist dieser fragende Geist der Prüfstein – ein stolzer Nachfahre einer langen Tradition von Skeptikern. Er findet seinen Widerhall in der heutigen Welt, in der so viele von uns der strengen Orthodoxie in politischen und religiösen Systemen überdrüssig sind. Ohne das *Kalama Sutta* wäre ich nicht so frei gewesen, neue Annäherungsweisen an das Sutta der Achtsamkeit beim Atmen zu erforschen, sowohl in meinem ersten Buch, *Mit jedem Atemzug,* als auch im vorliegenden.

Wie alles begann

Jiddu Krishnamurti, vor 40 Jahren mein erster Meditationslehrer, lehrte nicht die Meditation mit dem Atem. Er lehrte und praktizierte allein die Wahlfreie Bewusstheit. Als er in den 1960er-Jahren Boston besuchte, verbrachte ich einige Tage mit ihm, und bevor er nach Europa zurückkehrte, bat ich ihn um eine Hausaufgabe. Er sagte: „Bring' dein eigenes Haus in Ordnung. Beginne darauf zu achten, wie du *tatsächlich* lebst!"

Als ich das Wort „tatsächlich" hörte, brannte es sich tief in mich ein. Dann wiederholte er: „Wie du *tatsächlich* lebst." Nicht, wie du zu leben glaubst oder wie du meinst, leben zu sollen, nicht wie deine Eltern dir gesagt haben, dass du leben solltest. Moment für Moment: Wie gehst du? Wie sitzt du? Wie isst du? Anders gesagt: Es gibt nichts, das unsere Aufmerksamkeit nicht verdiente.

Nach Krishnamurtis Tod im Jahre 1986 arbeitete ich mit seiner Schülerin Vimala Thakar weiter, einer Frau von tiefgründigem Verständnis und großer Weisheit. Gelegentlich machte Vimala ein Zugeständnis und sagte: „Na gut, folge dem Atem – aber du wirst ihn nicht mehr als einige Tage lang als Stütze brauchen. Danach beobachte einfach, was in Körper und Geist geschieht."

Wenn man mit Krishnamurti und Vimalaji arbeitete, ermutigten sie einen vom ersten Tag an dazu, die reine Bewusstheit zu üben und aufrichtig daran interessiert zu sein, etwas über alle Aspekte des Lebens zu lernen. Sie vertrauten auf Bewusstheit sowie darauf, dass das Interesse am Lernen, das sich aus der Bewusstheit ergibt, vollkommen ausreicht.

Ich fand die totale Schlichtheit und Natürlichkeit des Ansatzes, einfach ich selbst zu sein und ohne Urteile zu beobachten sowie aus dem zu lernen, was ich beobachtete, ungemein anziehend. Wenn ich mich selbst in eine Schublade einordnen müsste, dann würde ich sagen, dass ich bis auf den heutigen Tag ein Minimalist geblieben bin. Es liegt mir, die einfachste Lebensweise zu finden, insbesondere in Hinsicht auf menschliche Beziehungen.

Da dies die erste Meditationsanweisung war, die ich erhalten habe, kannte ich natürlich keine anderen. Mit der Zeit stellte sich jedoch heraus, dass zwischen meiner Liebe zur reinen Bewusstheit und meiner Fähigkeit, diese wirksam einzusetzen, eine Lücke klaffte. Dies lag hauptsächlich daran, dass es mir an einer festen Grundlage für die Konzentration mangelte. Viele Jahre der üblichen schulischen Bildung, der Verehrung des begrifflichen Wissens sowie zehn Jahre der Lehrtätigkeit an Universitäten" blockierten den Zugang zu einfacher, offener Bewusstheit. Oder wie es mein erster buddhistischer Lehrer, der Zen-Meister Seung Sahn Sunim, ausdrückte: „Zu viel Denken!"

Da mir klar wurde, dass ich mehr Methoden, Formen und Lehrer brauchte, als der Ansatz von Krishnamurti bereitstellte, besuchte ich mein erstes Sesshin, eine Periode intensiver Zen-Meditation – und seitdem bin ich mit vielen Drehungen und Wendungen auf dem buddhistischen Pfad geblieben. Die Übung der reinen Bewusstheit, die ich von Krishnamurti und Vimala Thakar gelernt habe, gab ich jedoch niemals auf. Da auf mein erstes Sesshin zehn Jahre intensiver und heißgeliebter Praxis in der Tradition des koreanischen, vietnamesischen und japanischen Zen folgten, entwickelte ich eine sogar noch tiefere und unerschütterlichere Liebe zu der Schlichtheit des bloßen Sehens.

Lehren zur Atembewusstheit

Meine Reise mit der Atembewusstheit als Begleiter begann „offiziell" im Jahre 1982, als ich in Vipassana, die Einsichtsmeditation, eingeführt wurde, wie sie in der Tradition des Theravada hauptsächlich in Thailand, Kambodscha, Burma und Indien gelehrt wird. In den ersten Tagen eines Retreats werden die Yogis hier üblicherweise aufgefordert, die Atembewusstheit zum einzigen Objekt der Aufmerksamkeit zu machen. Damit wurde eine Entwicklung von Konzentration und Beruhigung des Geistes bezweckt. Wenn der Geist stabil wurde, dann wurde dies als *Samadhi* bezeichnet. Diese Übung war eine Vorbereitung auf Vipassana, die direkte Einsicht in die Natur des gesamten Körper-Geist-Prozesses und das Erkennen der Gesetzmäßigkeit des Dharma in Aktion. Hier bezeichnet der Begriff „Dharma" die natürliche Wahrheit des Universums, die in der Lehre Buddhas zum Ausdruck kommt.

Ich übernahm, praktizierte und lehrte schließlich diese Interpretation der Atembewusstheit, bis ich das Glück hatte, Bhikkhu Vimalo zu begegnen, einem deutschen Mönch, der viele Jahre lang sowohl in Burma als auch in Thailand gelebt und praktiziert hatte.

Er korrigierte mein begrenztes Verständnis, indem er mich lehrte, dass die Atembewusstheit dazu verhelfen soll, zu einer umfassenden Praxis zu gelangen, die Samadhi und Vipassana umfasst. Das war etwas völlig Neues für mich! Er erzählte mir, dass es ein Sutta gebe, in dem diese Lehre auf klare und logische Weise dargelegt werde. „Lies es!", sagte er. Und so entdeckte ich das *Anapanasati Sutta*.*

Dank Bhikkhu Vimalo begriff ich die Atembewusstheit als eine vollständige Praxis, die von der Beruhigung des Geistes über die Erkenntnis des Körper-Geist-Prozesses – einschließlich der Gefühle und der Bewusstseinszustände – bis hin zu Einsicht und Befreiung führen kann.

Diese Übung der Atembewusstheit wurde für mein Leben so zentral, dass ich Meister dieser Praxis aufsuchte. Ich hatte das Glück, mit dem großen vietnamesischen Zen-Meister Thich Nhat Hanh und mit dem verehrungswürdigen thailändischen Meister Ajahn Buddhadasa arbeiten zu können. Außerdem lernte ich von Thanissaro Bhikkhu, einem Mönch in der Übertragungslinie von Ajahn Lee, noch mehr über das *Anapanasati Sutta*.

Es faszinierte und verwirrte mich auch gelegentlich, herauszufinden, dass diese drei außerordentlichen Lehrer dasselbe Sutta lasen und manchmal derselben Übersetzung folgten, den Sinn der Worte jedoch ganz unterschiedlich verstanden. Hinzu kam noch die Erkenntnis, dass in meiner früheren Praxis in der Tradition des Soto-Zen einige Lehrer das „Shikantaza" gelehrt hatten, eine Übung des bloßen Sitzens, Atmens und der Bewusstheit. Obwohl man sich dort nicht auf das *Anapanasati Sutta* bezog, wurde mir im Rückblick klar, dass die Achtsamkeit beim Atmen ebenfalls im Zen existiert, auch wenn sie dort nicht so genannt wird.

Alle Lehrer verstanden Anapanasati als einen Weg zur Befreiung, lehrten dieses Sutta jedoch auf ganz unterschiedliche Weise. Und jede dieser Interpretationen war authentisch, nützlich und wirksam – also „richtig".

---

* Majjhima Nikaya 118.

Mit der Zeit gelangte ich zu der Überzeugung, dass selbst der Buddha, wenn er heute wiederkehren würde, uns nicht nur *„die einzige richtige"* Interpretation anbieten würde, da er doch praktizierte, die Geschicktheit in der Methode anzuwenden: Er veränderte seinen Ansatz und seine Worte entsprechend dem jeweiligen Schüler. Mir wurde eindringlich klar, wie ungemein „lebendig" und anpassungsfähig dieses Sutta ist. Seine organische Natur macht es ebenso relevant für die Probleme, denen wir in unserer heutigen komplexen Welt begegnen, wie es für die Welt Buddhas vor über 2500 Jahren gewesen ist. Zugleich wurde mir klar, dass ich bereits ebenso viele Jahre praktiziert hatte wie viele Personen, die das *Anapanasati Sutta* lehrten. Diese Einsicht brachte mich dazu, in Erwägung zu ziehen, meinen eigenen kleinen Beitrag zu leisten – und das tat ich dann auch, zuerst mit dem Buch *Mit jedem Atemzug,* und das tue ich jetzt wieder mit diesem Buch.

Die kondensierte Methode der vollen Atembewusstheit

Die Tatsache, dass in der kondensierten Methode zwei anstelle von sechzehn Kontemplationen verwendet werden, ist für die meisten von uns etwas Neues. Ich habe diese Methode aber nicht erfunden! Obwohl Ajahn Buddhadasas Methode der Unterweisung darin bestand, seine Schüler schrittweise durch das gesamte Sutta zu führen, betonte er bereits vor etlichen Jahren, dass die kondensierte Methode für einen modernen Yogi, der nicht genügend Zeit hat, gewissenhaft Schritt für Schritt durch die einzelnen sechzehn Kontemplationen fortzuschreiten, hilfreich sein mag – ohne dass dabei die Essenz der Lehren verlorengeht. Auch die große thailändische Laienmeditationslehrerin Upasika Kee bietet in ihren Schriften und Darlegungen eine Führung zur kondensierten Praxis der Atemmeditation an. „Wenn Sie die Fertigkeit erlangen, auf diese Weise zu sehen und zu wissen", so schreibt sie, „dann wird Ihnen aufgehen, wie unbeständig, belastend und nicht-ichhaft ihr ‚Ich' ist, und Sie werden dem authentischen Dharma begegnen."

In meinem früheren Buch *Mit jedem Atemzug* habe ich der Auffassung von der kondensierten Methode dieser beiden Lehrer nur ein kurzes Kapitel gewidmet. Zu jener Zeit sah ich zwar, dass diese Methode ihre Meriten hat, aber ich war nur teilweise davon überzeugt. Heute, 15 Jahre später, bin ich völlig überzeugt davon – es ist meine eigene Erfahrung und die vieler anderer Yogis, die mich von dem unschätzbaren Wert der kondensierten Methode überzeugt hat. Die kürzere Methode ist unzweifelhaft in besserem Einklang mit unserem Leben als Laienpraktizierende in einer sich schnell verändernden Welt, denn sie vermittelt den Kern des gesamten *Anapanasati Sutta* auf wesentlich direktere und ökonomischere Weise. Hinzu kommt, dass ich in Cambridge, Massachusetts, einem Zentrum der akademischen Gelehrsamkeit, lebe und hier gesehen habe, dass viele Yogis so an die sechzehn Kontemplationen herangehen, als schrieben sie eine Doktorarbeit, die umfassende vergleichende Analysen verlangt. Dieser rein intellektuelle Ansatz, der für Gelehrte nützlich ist, behindert oft die Entfaltung des befreienden Potenzials der eigentlichen Meditationspraxis des Yogi.

Gelegentlich begegne ich Yogis, denen daran gelegen ist, auf eine Weise durch alle sechzehn Kontemplationen hindurchzugehen, die wirklich ihr Leiden verringert. Natürlich ermutige ich sie, dieser Methode zu folgen – und ich möchte Sie ermutigen, sich die Zeit zu nehmen, das gesamte Sutta zu lesen und dabei auf Ihre eigenen Reaktionen zu achten. Wie Sie immer wieder von mir hören werden, reagiert jeder Yogi auf seine eigene Weise auf einen bestimmten Ansatz. Sowohl für den Lehrer als auch für den Schüler bleibt die „Geschicktheit in der Methode" die Methode der Wahl. Es gibt halt keine *„one size fits all"*-Methode.

Doch bitte halten Sie die kondensierte Methode nicht für so etwas wie „Vipassana light"! Wenn Sie damit auf dem Meditationskissen, zu Hause oder im Büro praktizieren, werden Sie sehen, dass ich Ihnen einmal mehr eine Methode zeige, die Atembewusstheit zur Verwirklichung dessen zu nutzen, was der Buddha gelehrt hat: wie man auf geschickte Weise in einer Welt der Vergänglichkeit und des Wandels lebt. Die Atembewusstheit begleitet Sie auf Ihrem gesamten Lebensweg. Sie lernen etwas über den Körper, die Gefühle, mentale Strukturen, den Geist selbst und letztlich über die Gesetzmäßigkeit der Vergänglichkeit und die Leerheit von einem substanziellen Ich. Die kondensierte Methode des Atmens ist eine Übung des Loslassens hinein in die Freiheit.

Der Kreis schließt sich: Wahlfreie Bewusstheit

Im Laufe von 40 Jahren hat mich mein Pfad von Krishnamurti und der Wahlfreien Bewusstheit über zehn Jahre der Zen-Praxis zu 30 Jahren der Einsichtspraxis und der Atembewusstheit geführt. Im Laufe der Entwicklung meiner Einsichtspraxis wurde die Atembewusstheit paradoxerweise zu einem Sprungbrett dazu, den Atem nicht mehr als Zielobjekt der Aufmerksamkeit zu brauchen.

Das war keine von mir bewusst angestrebte Entwicklung. Ohne Anstrengung oder bewusste Absicht wurde die Bewusstheit selbst – meine ursprüngliche Praxis – stärker und vollständiger als je zuvor. Offensichtlich haben die Methoden, die ich viele Jahre lang erlernt habe – Koan, Mantra, Yoga, Pranayama, das mentale Zur-Kenntnis-Nehmen und natürlich die Atembewusstheit – mir geholfen, das Fundament für eine geschicktere Praxis zu entwickeln, die „Methode ohne Methode"!

Ich möchte die ungekünstelte Natur dieses Prozesses betonen. So seltsam sich das auch anhören mag, es ist einfach geschehen: Der Atem verblasste als hervorstechende Komponente meiner Praxis. Wenn ich mich zum Meditieren hinsetzte, fand ich ganz natürlich Gefallen daran, nichts weiter zu tun zu haben, als zu sitzen und zu lernen. Es war, anders gesagt, als hätte der Atem mir selbst gesagt (mit einem leichten Brooklyn-Akzent): „Larry, schau mal her. Ich habe dich so weit gebracht. Ich bin immer für dich da. Aber jetzt steht es nicht so schlecht um deine Bewusstheit. Tatsächlich bist du in der Lage, einfach bewusst zu sein. Du musst die Übung nicht mehr länger damit beginnen, den Atem absichtlich als Anker oder Freund zu benutzen."

So hat sich der Kreis geschlossen und ich bin dahin zurückgekehrt, wo ich mit der Meditation begonnen habe: zur Übung der Wahlfreien Bewusstheit. Diesmal aber, nachdem ich die Erfahrung einer langen und intensiven Praxis in Asien und im Westen gemacht hatte, war ich auf dem Kissen und im täglichen Leben dafür gerüstet, die Bewusstheit zu meiner Heimat zu machen.

Bis jetzt hatte ich die allmählichen Veränderungen während meiner meditativen Reise nicht nachverfolgt. Ich hatte sie weder mir selbst noch anderen gegenüber artikuliert. Ich lehrte weiter Anapanasati, doch meine Leidenschaft galt der Wahlfreien Bewusstheit. Als Ergebnis davon betonte ich den Vorrang des Atmens nicht mehr so wie früher oder spielte diesen herunter.

Zum Glück bemerkten viele meiner langjährigen Schüler die Veränderung meiner Lehrweise. Einige begannen mich mit der Frage zu löchern, warum ich immer weniger die Atembewusstheit lehre. Sie wiesen mich darauf hin, dass ich zwar die von Yogis ausgehende Diskussion dieser Methode begrüßte, aber nicht mehr meine ganze Energie in diese Methode investierte. Sie bemerkten auch, dass viele Schüler versuchten, reine Bewusstheit zu praktizieren, obwohl ihre Fragen zeigten, dass sie dazu noch nicht bereit waren.

Diese aufmerksamen langjährigen Yogis fragten im Grunde: Warum eine altbewährte Stufe der Praxis, die zahllosen Yogis geholfen hat, ganz und gar aufgeben? Sie erinnerten mich daran, dass sie vor Jahren bei mir begonnen hatten, Anapanasati als eine vollständige Praxis zu nutzen. Sie hatten für sich selbst die Erfahrung gemacht, wie nützlich dieser Ansatz war. In der Tat hatten sich auch für sie einige ihrer Übungen ganz natürlich und ohne Bemühung oder Absicht zur Bewusstheit an und für sich entwickelt. Sie wendeten die Atembewusstheit noch von Zeit zu Zeit an, aber nicht mehr auf die einzige und zielgerichtete Weise ihrer früheren Praxis mit Anapanasati.

Wie es auch bei mir geschehen war, hatte die Atembewusstheit diese Schüler an einen Punkt gebracht, an dem sie einfach nur bewusst sein konnten. Punkt. Als ich ihnen zuhörte, kam mir das Bild des Stabhochspringers in den Sinn. Zuerst braucht der Athlet den Stab, um sich in eine große Höhe zu katapultieren, doch an einem bestimmten Punkt muss er den Stab loslassen und einfach nur springen.

Viele Meditierende haben dies in unterschiedlicher Ausprägung erlebt, aber natürlich geschieht dies bei vielen anderen auch nicht. Seit der Zeit Buddhas bis heute haben einige Yogis die Übung der Atembewusstheit fortgesetzt, und sie sind glücklich damit, weil sie ihre Weisheit und ihr Mitgefühl vertieft. Sie ist ganz offensichtlich keine minderwertige Methode. Ihre individuelle Veranlagung, das Ausmaß ihrer Erfahrung mit der Übung, die Verfügbarkeit eines Lehrers und eine Menge anderer Faktoren sind entscheidend für Ihren jeweiligen Dharma-Pfad. All diese Pfade führen zum gleichen Ort: der Verringerung des Leidens in Ihrem Leben und in der Welt.

Und was jetzt?

Nichts von dem, was in diesem Buch folgt, beansprucht für sich, der neue, verbesserte Meditationsweg zu sein – oder gar der einzig richtige. Keineswegs! Alles, was ich mit totaler Gewissheit sagen kann, ist, dass ich den Nutzen dieser Lehre für mich selbst und für andere Yogis erfahren habe, wobei jeder von uns sie entsprechend seiner eigenen Natur und seinem Verständnis angewandt hat.

Ich schlage Ihnen vor, dass Sie dieses Buch erst einmal ganz lesen, bevor Sie sich entscheiden, ob Sie diese Lehren anwenden wollen. Wenn Sie es gelesen, über den Text nachgedacht haben und dann noch interessiert sind, beginnen Sie mit der ersten Methode und gehen von dort aus weiter. Auch wenn hier kein festgelegter Ablauf vorgeschrieben werden soll, liefert die Abfolge der Methoden doch einen Rahmen und ein Fundament, auf dem Sie eine fruchtbare Meditationspraxis aufbauen können.

Die meisten erfahrenen Yogis wissen bereits um den Wert einer entspannten, wachen, ausschließlichen Aufmerksamkeit auf die Empfindungen des Atmens. Was an dieser ersten Methode vielleicht neu ist, das ist die Aufforderung, darauf zu achten, wo

Sie den Atem am lebendigsten erfahren, und sich nicht auf die häufig empfohlenen Bereiche von Nase, Brust und Bauch zu beschränken. Probieren Sie es aus und sehen Sie, was passiert!

Für Anfänger ebenso wie für langjährige Yogis kann die Ganzkörper-Atembewusstheit den Geist zu einer ruhigen Stabilität führen und ihn dazu tauglich machen, den gesamten Körper-Geist-Prozess zu erforschen. Das führt Sie dann weiter zur zweiten Methode: Atem als Anker. Hier werden Ganzkörper-Atembewusstheit und *alles andere,* was nicht der Atem ist – Gefühle, Empfindungen, Emotionen und Bewusstseinszustände (einschließlich der Stille) – im selben Zeitrahmen betrachtet. Die Aufmerksamkeit auf den Atem und alles andere sind synchronisiert und gleichzeitig, sogar dann, wenn Sie lernen, sich machtvolle, stark aufgeladene Emotionen wie Angst oder Wut anzusehen.

Wenn Sie diese Übungen weiter praktizieren, wobei Sie oft zwischen den ersten beiden Methoden abwechseln, schreiten Sie womöglich zur Wahlfreien Bewusstheit fort. Hier kommt es ganz einfach und natürlich zu einer offenen Betrachtung der vom Leben vorgegebenen Aufgaben. Bewusstheit wird zu einer Lebensweise. Sie betrachten das und hören auf das, was innerlich und äußerlich geschieht, und lernen von allem, was Sie beobachten.

Lassen Sie mich jetzt eine frühere Aussage modifizieren: Auch wenn ich empfehle, von einem Ansatz zum nächsten und dann weiter zum nächsten fortzuschreiten, gibt es keine „beste" oder verbindliche Vorgehensweise. So mag auch Ihre Bewegung durch diese drei Phasen entweder ganz methodisch sein (von eins zu zwei zu drei), oder Ihre Praxis entfaltet sich ganz natürlich. Einige von Ihnen lesen vielleicht diesen Text und interessieren sich für Wahlfreie Bewusstheit oder fühlen sich bereit dazu. Prima! Springen Sie hinein. Sie werden die Atmung immer noch empfinden, auch wenn der Atem nicht mehr das „offizielle" Objekt Ihrer Aufmerksamkeit ist. Einige von Ihnen werden vielleicht eine Leichtigkeit entwickeln, mal die eine, mal die andere der drei Methoden anzuwenden; andere werden ausschließlich den Atem nutzen und ihn dann loslassen. Für manche ist der Atem vielleicht das Vehikel, das sie zur Beendigung des Leidens trägt. Wieder andere werden die Wahlfreie Bewusstheit als den direktesten Pfad zur Freiheit praktizieren.

Die drei Methoden sind nicht durch feste Mauern voneinander getrennt. Es gibt zwischen ihnen vielmehr eine durchlässige Membran. Vor allem möchte ich Sie dazu auffordern, zu forschen, wach und frisch zu bleiben und sich von Intelligenz und Bewusstheit leiten zu lassen. Diese Eigenschaften werden Ihnen helfen, eine bestimmte Herangehensweise auf Ihre ständig im Fluss befindlichen individuellen Gegebenheiten und Erfahrungen abzustimmen.

Ganz gleich, welchem Ansatz Sie folgen – wo werden Sie ihn praktizieren? Wie Sie mich immer wieder sagen hören werden: überall! Was mich selbst angeht, so wurde ich vom ersten Tag an gelehrt, Bewusstheit in der Natur, an einem Schreibtisch, in einer Meditationshalle oder zu Hause beim Wischen des Bodens zu praktizieren. Dieses Verständnis der Praxis muss sich im Lauf der Jahre einfach nur vertiefen. Formelle Meditationspraxis und das, was wir den „Rest des Lebens" nennen, sind nicht voneinander zu trennen.

Die Kapitel über das tägliche Leben und über Beziehungen erscheinen im Ablauf dieses Buches als letzte – ein gutes Beispiel dafür, dass der Aufbau des Textes keine Hierarchie der Werte zum Ausdruck bringt. Bewusstheit in Beziehungen zu anderen Menschen ist für heutige Yogis vielleicht das dringlichste, herausforderndste und am wenigsten erkundete Element der Praxis. Es ist dieser Bereich, in dem unsere Praxis uns selbst, den Menschen, die wir lieben, und der gesamten Welt, in der wir leben, am meisten nützen oder schaden kann.

Leben lernen

Jeder von Ihnen erfährt gesetzmäßige mentale und körperliche Zustände, und jeder kennt Kummer und Glück. Das Radikale an den Lehren Buddhas ist, dass sie Ihnen eine neue Weise anbieten, mit dieser uns allen gemeinsamen Menschlichkeit umzugehen. Wenn Sie Anapanasati praktizieren, investieren Sie in Ihre Lebensqualität und erkennen, dass Sie den Schlüssel zu Ihrem Glück und Unglück in der Hand halten.

Die Lehren Buddhas sind eine Form der Ausbildung und Erziehung – zu einer Fähigkeit, die ich „Leben lernen" genannt habe. Natürlich haben wir über zahllose Umstände unseres Lebens keine Kontrolle. Doch wenn Sie Tag für Tag und Jahr um Jahr praktizieren, wird Ihnen klar, dass wir alle Sorgen in der Welt beobachten und loslassen können, weil sie geistgeschaffen sind. In dieser Hinsicht tragen kontemplative Praktiken die wertvollsten Früchte.

Die Vipassana-Meditation, die sich des Prozesses des natürlichen Atmens bedient, ist eine Weisheitspraxis. Sie lernen, mit den „beiden Flügeln des einen Vogels" zu leben: mit Weisheit und Mitgefühl. Ist das nicht der Grund, warum Sie so viel Energie und Bemühung in Methoden wie die Achtsamkeit beim Atmen oder die Wahlfreie Bewusstheit investieren? Mit der Zeit helfen diese Ihnen, sich selbst, den Menschen um Sie herum und der Welt, in der Sie leben, weniger zu schaden. Das verstehe ich unter Erwachen.

Dieses Buch spiegelt die Lehren, die ich glücklicherweise von anderen erhalten habe, sowie die Erfahrungen eines achtzigjährigen Lebens wider. Ich bin einem Menschen, der Buddha genannt wird, sowie den Menschen, die seine Lehren über Tausende von Jahren lebendig erhalten haben, sehr dankbar. Ich schätze mich glücklich, diese Lehren von einigen dieser Menschen empfangen zu haben, und jetzt möchte ich als Gegenleistung das, was ich gelernt habe, mit Ihnen teilen.

Bitte prüfen Sie nach, ob diese Ansätze auch Ihnen helfen können, mit mehr Weisheit und Mitgefühl zu leben. Indem Sie Moment für Moment praktizieren, lernen Sie zu leben. Dieses Lernen wird weitergehen, solange Sie weiterleben.

Das Kalama Sutta
Das Recht zu hinterfragen

Den Dharma üben bedeutet, leben zu lernen, und dies ist ein freudiger und zugleich herausfordernder Pfad. Er verlangt, dass Sie Ihren Geist öffnen, Ihre Anschauungen und Meinungen auf neue Weise betrachten und nichts aus purem Glauben akzeptieren. Wenn Sie praktizieren, sehen Sie sich dazu aufgefordert, Ihre in höchsten Ehren gehaltenen Überzeugungen zu hinterfragen, auch jene, die Sie vom Dharma selbst haben. Glücklicherweise kann dies zu einer nie endenden Reise der Selbstentdeckung in jedem Aspekt Ihres Lebens werden.

Unter all den Darlegungen Buddhas ist das *Kalama Sutta* mir eine der liebsten, eben weil es dieses tiefe Interesse am Dharma bestärkt. Die Kalamas waren eine Gruppe von Menschen, die zur Zeit Buddhas in Indien lebten, und sie hatten ihn gefragt, wie man weise und authentische Lehren erkennen könne. Wäre der Buddhismus nicht vom Geist dieses Sutta durchdrungen – einem Geist des Hinterfragens und Prüfens –, dann stünde mir, davon bin ich überzeugt, diese meditative Praxis heute nicht zur Verfügung.

Ich biete Ihnen die Lehren in diesem Buch im Geiste des *Kalama Sutta* an. Hier teile ich mit Ihnen mein Verständnis der Atembewusstheit und der Wahlfreien Bewusstheit in der formellen Meditationspraxis und ebenso im täglichen Leben, wo es, wie ich betone, notwendig ist, die Praxis in unsere Beziehungen miteinander einzubringen. Alle hier angebotenen Methoden wurden im Laboratorium meines eigenen Lebens und des Lebens zahlloser anderer Schüler und Yogis getestet.

Alles andere liegt bei Ihnen. „Probieren geht über Studieren." Sie müssen in diesen Kuchen hineinbeißen, ihn kauen und schmecken. Das berühmte Sprichwort vom Probieren ist genau das, worum es in diesem Buch geht. Betrachten Sie seine Lehren versuchsweise als wahr und nützlich – aber stellen Sie sie auf die Probe. Überprüfen Sie das, was Sie lesen, in Ihrer direkten Erfahrung. Der Buddha verlangt nicht von uns zu glauben, sondern seine Entdeckungen zu verstehen und auf die Probe zu stellen. Helfen Ihnen die Kontemplationen in diesem Buch, frei zu werden, weise und mit Mitgefühl zu leben?

Ich wurde in einer Tradition des Skeptizismus erzogen. Mein Vater war der Erste, der mich lehrte, wie wichtig es ist, Fragen zu stellen. Er kam aus einer Traditionslinie von 14 Generationen von Rabbis, doch er hatte dieses Erbe wie sein eigener Vater, ein ehemaliger Rabbi, abgelehnt – auch wenn das Wort „abgelehnt" zu schwach ist. Er gab oft seiner Geringschätzung nicht nur des orthodoxen Judentums, sondern aller Religionen Ausdruck. Bevor ich zum Unterricht in der hebräischen Schule ging, pflegte mein Vater mich zur Seite zu nehmen und Dinge zu sagen wie: „Frag den Rabbi, wie Moses es gemacht hat, die Wasser des Meeres zu teilen." Wie Sie sich vorstellen können, war Rabbi Minkowitz nicht sonderlich erfreut, auf diese Weise befragt zu werden. Ich schätze, mein Vater war der erste Jude in der Geschichtsschreibung, der einen Rabbi dafür bezahlt hat, bei der Bar Mitzwa seines Sohnes *keine* Rede zu halten. Mein Vater sagte: „Bitte, hier ist das Geld, aber halten Sie *keine* Rede." Der Rabbi tat es trotzdem – und mein Vater schäumte vor Wut.

Mein Vater pflanzte mir den Glauben an die Notwendigkeit des kritischen Denkens ein. Wenn ich in Schwierigkeiten geriet – zu Hause war ich gewöhnlich sehr brav, aber an der Schule und in der Nachbarschaft ungezogen –, dann nahm mein Vater mich ins Gericht, wenn er von der Arbeit nach Hause kam. Er wäre immer gern Rechtsanwalt oder Richter geworden, doch er fuhr Taxi, und so musste er sich mit einem Gerichtshof zufriedengeben, der aus meiner Mutter und mir bestand. Sein Gericht war einfühlsam und vernünftig: Er gestattete es dem „Angeklagten", für sich zu sprechen, und manchmal ließ er, nachdem er ihn angehört hatte, die Anklage fallen. Natürlich lächelte meine Mutter dann: Sie waren beide froh darüber, dass ich davonkam.

Mein Vater erklärte jedoch immer, *warum* ich anders hätte handeln sollen: „Darüber, dass du das getan hast, hat deine Tante Klara sich aufgeregt; dann hat sie deine Mutter angerufen und jetzt muss ich mir das alles anhören. Das nächste Mal nimmst du einfach das Roggenbrot und die Bagels und kommst nach Hause. So einfach ist das." Er machte mir klar, dass mein Tun Folgen hatte. Und vor allem lehrte er mich, dass jedermann das Recht habe, Fragen über alles und jedes zu stellen. Mit diesem Recht geht Verantwortung einher: Wenn du das Handeln anderer hinterfragst, musst du auch bereit sein, dein eigenes zu hinterfragen.

Die Kalamas des *Kalama Sutta* waren skeptisch, aber verantwortungsbewusst. In ihrer Welt war man offen für spirituelle Belange und es gab eine Menge Lehrer, die oft um ein Publikum konkurrierten und die unterschiedliche Philosophien oder Pfade vertraten. Diese Umgebung unterschied sich nicht sehr von der, in der Sie heute leben. Sie haben die Wahl zwischen einer Unmenge von Dingen. „An Religion interessiert? An welcher? Buddhismus? Welche Ausprägung? Vipassana? Ach, das haben Sie schon probiert? Ein bisschen zu trocken; vielleicht ist dabei zu viel die Rede von Leiden und Vergänglichkeit? Womöglich gefällt Ihnen ja Dzogchen, die Große Vollkommenheit des Geistes, besser. Außerdem sind die meisten Vipassana-Lehrer nicht einmal Mönche; die tragen einfach T-Shirts. Die tibetischen Lehrer sehen in ihren farbenprächtigen Roben wenigstens aus wie Lehrer. Oder vielleicht wäre Zen das Richtige? Wunderschön! All diese Gleichnisse, die Sie etwas lehren und auch zum Lachen bringen. Oder wie wäre es mit dem Ansatz des Einen Dharma, der alle anderen umfasst?"

Sie leben im Trubel eines enormen spirituellen Marktplatzes voller Versprechungen und Behauptungen. Kein Wunder, dass viele von Ihnen das verwirrend finden. Vor 2500 Jahren waren die Kalamas ähnlich verwirrt durch das enorme Angebot an Pfaden zu Weisheit und Frieden. Als der Buddha auf seiner Wanderschaft durch ihre Gegend kam, versammelten sie sich, um zu hören, was er zu sagen habe:

„Herr, da sind einige Brahmanen und Besinnliche, die nach Kesaputta kommen. Sie erklären und preisen ihre eigene Lehransicht, doch was die Lehransichten anderer betrifft, missbilligen sie diese, verunglimpfen diese, zeigen Verachtung für diese und setzen sie herab. Sie hinterlassen uns völlig verunsichert und im Zweifel: Welche dieser ehrwürdigen Brahmanen und Besinnlichen sprechen die Wahrheit und welche von ihnen lügen?"*

Auch wenn die Kalamas um den Ruf Buddhas als ein großer Weiser wussten, waren sie doch in Sorge, auch er könne nur ein weiterer Lehrer sein, der in seinen Ansichten mit anderen konkurrierte. Ich bewundere ihr ungewöhnliches Maß an Skepsis zutiefst. Die Weltgeschichte zeigt, dass sich die meisten von uns von denjenigen angezogen fühlen, die eine starke kompromisslose Lehre anbieten und die sagen oder zumindest zu verstehen geben: „Dies ist die Wahrheit und alle anderen haben unrecht." Dieses gefährliche Muster erkennen Sie zweifellos in der heutigen Politik, doch es ist auch in spirituellen Kreisen erkennbar, wo es dieselben Fragen aufwirft: Suchen Sie wirklich nach Freiheit? Können Sie mit der Verantwortung umgehen? Oder hätten Sie lieber einen beeindruckenden Lehrer, der Ihnen Antworten gibt und der die harte Arbeit für Sie übernimmt?

Obwohl es in Dharma-Zentren in den vergangenen 30 Jahren eine Unmenge von Problemen gegeben hat, sehe ich immer noch einige Yogis, die ihre Intelligenz am Eingang abgeben und geradezu zu Füßen eines Lehrers kriechen und sagen: „Sagen Sie mir doch bitte, wie ich leben soll." Trotz meines festen Glaubens an das Hinterfragen habe ich diesen Fehler selbst einige Male gemacht. Ist Ihnen das auch schon passiert? Ich sehnte mich nach einem besonderen Lehrer mit einem einzigartigen Zugang zur Wahrheit. Ich fühlte mich großartig, sein Schüler sein zu können. Mein spirituelles Leben war in guten Händen. Mir waren der Ärger und

---

* Aus dem *Kalama Sutta,* Anguttara Nikaya 3.65, aus dem Pali übersetzt von Thanissaro Bhikkhu.

die Verantwortung abgenommen, die mit dem Recht, Fragen zu stellen, einhergehen. Aber natürlich war ich nicht frei.

Die Antwort Buddhas auf die Nöte und die Verwirrung der Kalamas kann Sie davor bewahren, eine wenig glückliche Wahl zu treffen. Er gibt den Kalamas und Ihnen eine Wegweisung, was die Wahl eines Lehrers angeht und auch in Hinsicht auf die Fertigkeit, in allen Bereichen des Lebens Dinge infrage zu stellen:

> „Also, wie ich schon sagte, Kalamer: Geht nicht nach Berichten, nach Legenden, nach Überlieferungen, nach den Schriften, nach logischen Vermutungen, nach Schlussfolgerungen durch Analogien, nach Meinungen durch Abwägen von Ansichten, nach Wahrscheinlichkeit oder nach dem Gedanken: ‚Dieser Asket ist unser Lehrer.' Wenn ihr selbst erkennt: ‚Diese Eigenschaften sind ungeschickt; diese Eigenschaften sind tadelnswert; diese Eigenschaften werden von den Weisen bemängelt; diese Eigenschaften, wenn sie angenommen und durchgeführt werden, führen zu Unheil und zu Leiden – dann solltet ihr sie aufgeben.' So wurde es gesagt. Und in Bezug hierauf wurde es gesagt.

> Nun, Kalamer, geht nicht nach Berichten, nach Legenden, nach Überlieferungen, nach den Schriften, nach logischen Vermutungen, nach Schlussfolgerungen durch Analogien, nach Meinungen durch Abwägen von Ansichten, nach Wahrscheinlichkeit oder nach dem Gedanken: ‚Dieser Asket ist unser Lehrer.' Wenn ihr selbst erkennt: ‚Diese Eigenschaften sind geschickt; diese Eigenschaften sind tadellos; diese Eigenschaften werden von den Weisen gelobt; diese Eigenschaften, wenn sie angenommen und durchgeführt werden, führen zu Heil und zu Glück' – dann solltet ihr in sie eintreten und in ihnen verweilen."*

---

* Aus dem *Kalama Sutta,* Anguttara Nikaya 3.65, aus dem Pali übersetzt von Thanissaro Bhikkhu.

Bevor wir weiter in die Lehren dieses Sutta einsteigen, möchte ich Ihnen noch eine andere Geschichte weitergeben. Was hier berichtet wird, soll sich in einem Dorf in China zugetragen haben, wohin die Leute von weit her gereist kamen, um sich die Dharma-Darlegungen eines hoch angesehenen jungen Lehrers anzuhören. Eines Tages kam auch ein berühmter alter Meister hinzu. Als der junge Lehrer ihn in der Menge sah, sagte er: „Bitte kommt doch herauf und setzt Euch neben mich, während ich meine Darlegung gebe." Also erhob sich der alte Meister und setzte sich neben ihn.

Der junge Lehrer nahm seinen Vortrag wieder auf, und jedes zweite Wort, das er äußerte, war ein Zitat aus einem Sutta oder von einem Zen-Meister. Der alte Lehrer begann vor den Augen aller Zuhörer einzunicken. Obwohl der junge Lehrer das aus dem Augenwinkel wahrnahm, machte er weiter. Doch je mehr Autoritäten er zitierte, desto schläfriger schien der alte Meister zu werden. Schließlich unterbrach der junge Lehrer seinen Vortrag und fragte ihn: „Was ist los? Ist meine Lehre so langweilig, so schrecklich, so total daneben?" In dem Moment lehnte der alte Meister sich zu ihm hinüber und kniff ihn fest in die Seite. Der junge Lehrer schrie: „Aua!" Der alte Meister sagte: „Ahhh! Um das zu hören, bin ich von so weit her angereist. Diese reine Lehre. Diese Lehre des ‚Aua'."

Ebenso wie der alte Meister in dieser Zen-Geschichte, betont die Antwort Buddhas auf die Frage der Kalamas den Vorrang der direkten Erfahrung. Der Buddha erklärt, dass die Menschen sich auf viele Arten von Autorität verlassen: manche davon innerlicher, manche äußerlicher Natur, manche verlässlich, andere, die weit an der Sache vorbeigehen. Er weist sie darauf hin, dass eine Lehre, nur weil sie alt ist oder irgendwelchen Schriften entstammt, nicht unbedingt wahr sein muss. Nur weil sie vernünftig klingt oder Sie sich zu der Person des Lehrers hingezogen fühlen, muss sie nicht weise sein.

Damit erhebt sich die Frage: Wie unterscheidet man das Authentische vom Falschen oder Fehlgeleiteten? Wen fragt man um Rat, wenn man lernen will zu leben?

Der Buddha lehnt Vernunft und Logik im *Kalama Sutta* keineswegs ab. Er sagt nicht, dass die alten Lehren irrelevant sind oder dass man das Rad des Dharma jedes Mal neu erfinden muss, wenn man vor einer Entscheidung steht. Schließlich stütze auch ich mich in diesem Moment, in dem ich diese Lehren umsetze und dieses Buch schreibe, auf einen Korpus von Dharma-Lehren, der sich über Generationen von Vorgängern im Dharma erstreckt. Wenn Sie und ich die Texte nicht studieren und den Lehren nicht zuhören, wie können wir dann das finden, was von den Weisen kritisiert und gepriesen wurde? Nein, der Buddha gibt den Kalamas – und uns – Leitlinien, die zur Vorsicht gemahnen und nicht etwa Verbote sind. Er warnt uns vor blindem Gehorsam gegenüber der Autorität von Traditionen und Lehrern oder gegenüber der Autorität unserer eigenen Vorstellungen. Er warnt uns auch vor blindem Gehorsam gegenüber Vernunft und Logik.

Für Schüler, denen das meditative Leben noch nicht vertraut ist, können diese Warnungen besonders relevant sein. Wenn Sie beginnen zu praktizieren, werden Sie bemerken, dass von den Lehren, von Lehrern und von der Unterstützung einer Gemeinschaft inspirierte Überzeugungen Sie motivieren und Ihnen helfen, mit der Praxis zu beginnen. Doch dieser Glaube ist etwas Vorläufiges. Denken Sie daran, dass der Buddha Ihnen sagt, Sie sollten die Lehren und Ideen als „Arbeitshypothesen" im Laboratorium Ihres eigenen Handelns auf die Probe stellen. Es gibt ein „Verfallsdatum", an dem die auf äußere Unterstützung gegründete Überzeugung von einer auf persönlicher Erfahrung beruhenden Überzeugung abgelöst werden sollte.

An diesem Punkt ist Ihr Verständnis nicht mehr von anderen geborgt. Es ist authentisch und Ihr eigenes. Dazu kommt es, indem Sie die Fähigkeit entwickeln, aufzuwachen und die Achtsamkeit zu stabilisieren.

Ob Sie nun ein Anfänger oder ein erfahrener Meditierender sind – wenn Sie Ihren Glauben und Ihre Überzeugungen wirklich hinterfragen, meinen Sie nicht, dass Sie das herausfordert und Ihren Horizont erweitert? Das war gewiss meine eigene Erfahrung.

Lehren können Sie inspirieren. Allein ihnen zuzuhören kann Ihren Intellekt befriedigen und Ihre Emotionen nähren. Aber auch wenn dem so ist: Wenn Sie über die drei Schritte in diesem Buch lesen oder diese praktizieren, denken Sie daran, sich zu fragen: Wohin führt mich das? Führt die Übung der Atembewusstheit oder der Wahlfreien Bewusstheit mich in die Richtung eines Handelns mit mehr Freundlichkeit und Weisheit? Fragen Sie sich das immer und immer wieder.

Doch lassen Sie es damit nicht genug sein. Damit der Dharma zu Wissen aus erster Hand, aus eigener Erfahrung werden kann – damit Sie sein „Aua!" spüren können –, müssen Sie ganz intim mit ihm zusammenleben, müssen Sie ihn sehr sorgfältig untersuchen und müssen Sie sich von ihm sorgfältig untersuchen lassen. „Seid euch selbst eine Leuchte", sagt der Buddha. Ihre Fragen erhellen den Weg. Dies ist das Herz des *Kalama Sutta.*

Letztlich müssen Ihre Vorstellungen von der Wahrheit auf dem Prüfstand Ihrer gelebten Erfahrung getestet werden. In all seinen Lehren bietet der Buddha uns eine Formel an, die uns in diese Richtung führt: Untersuche alles in Hinsicht auf Ursache und Wirkung. Was immer ungeschickt ist, was zu Unheil oder Leiden für Sie und andere führt, sollte erkannt und aufgegeben werden. Was immer geschickt ist, zu Glück und Frieden für Sie und andere führt, dem sollte man nachgehen.

Denken Sie an das, was der Buddha in seinem Leben als Lehrer früher gesagt hat: „Ich lehre nur eine Sache, das Leiden und das Ende des Leidens." Und er gab uns eine Reihe von Übungen, bei denen es darum geht zu lernen, wie man lebt und wie man das Leiden verringert – die Vier Edlen Wahrheiten genannt: Es gibt Leiden; es gibt eine Ursache des Leidens, nämlich Verlangen und Anhaften; es gibt eine Beendigung des Leidens; und es gibt einen Pfad der Übung, der zu dieser Beendigung führt.

Die Vier Edlen Wahrheiten sind mein verlässlicher Kompass für jede Form des Lebens, sei es das Lehren in einer Meditationshalle oder die Begegnung mit einem Fremden auf der Straße. Seit Tausenden von Jahren sind sie allen Schulen des Buddhismus gemeinsam und haben zahllose Yogis geleitet. Wenn man die drei Schritte zur Bewusstheit praktiziert, stellen die Vier Edlen Wahrheiten das Vehikel dar, mit dem man die Fertigkeit erlangt, das Leiden in der Welt zu verringern, ja sogar, sich selbst vom Leiden zu befreien. Die erste Edle Wahrheit, „Es gibt Leiden", beschreibt ein ungeschicktes Ergebnis: das Entstehen und die Erfahrung des Leidens. Die zweite Edle Wahrheit, „Verlangen und Anhaften", ist die ungeschickte Ursache, die zu diesem leidvollen Ergebnis führt. Die dritte Edle Wahrheit, die „Beendigung des Leidens", ist ein geschicktes Ergebnis, das herbeigeführt wird, indem man der vierten Edlen Wahrheit folgt, einem „achtgliedrigen Pfad", der durch Ethik, Stabilität des Geistes und Weisheit charakterisiert ist.

Doch selbst die grundlegendsten Lehren Buddhas, wie die Vier Edlen Wahrheiten, sollten im Licht des im *Kalama Sutta* beschriebenen Nachforschens überprüft werden. Ich lernte dies in meinen frühen Tagen als Vipassana-Yogi, als Ajahn Chah, der thailändische Meister aus dem Wald, die *Insight Meditation Society* in Barre, Massachusetts, besuchte. Zu jener Zeit waren viele von uns begeistert von der befreienden Kraft des „Loslassens". In unseren Diskussionen waren alle dabei, dieses loszulassen und jenes loszulassen – und oft „einfach alles" loszulassen. Als er uns zuhörte, schien Ajahn Chah skeptisch zu werden. Er forderte uns auf, langsamer zu machen, einen Schritt zurück zu tun und sorgfältig die Momente zu untersuchen, in denen wir tatsächlich litten. Statt es mit dem Loslassen eilig zu haben, so drängte er uns, sollten wir lieber in direkten Kontakt mit dem Leiden treten und uns ansehen, ob es von irgendeiner Form des Begehrens und Anhaftens verursacht war – von dem Wunsch, die Dinge mögen anders sein, als sie waren. Er meinte, das wahre Loslassen werde dadurch gelernt, dass man sieht, welchen Preis man für Festhalten und Abwehren zu zahlen hat – und welche Freude man erfährt, wenn man von der Bürde des Anhaftens frei ist.

Auf unsere eigene Erfahrung des Leidens zu achten statt auf begriffliche Vorstellungen vom Loslassen, gab uns die Möglichkeit zu sehen, welchen Segen die Vier Edlen Wahrheiten im Schmelztiegel unseres eigenen Lebens darstellen. Diese Form des Sehens und Lernens, die im *Kalama Sutta* so nachdrücklich betont wird, ist der Kern der Lehren auf den folgenden Seiten dieses Buches. Die Transformation des Leidens, die sich aus Bewusstheit ergibt, ist dann am wirksamsten, wenn sie ganz innig mit der Erfahrung Ihres Lebens einhergeht. Forschen Sie, fragen Sie und stellen Sie Ihr Verständnis der Lehren auf die Probe, bis es Ihnen in Fleisch und Blut übergeht.

ERSTER TEIL

DREI SCHRITTE
ZUR BEWUSSTHEIT

1. Ganzkörper-Atembewusstheit

Man schult sich selbst; den ganzen Körper empfindend,
will ich einatmen.
Den ganzen Körper empfindend, will ich ausatmen.

Der Buddha, *Anapanasati Sutta*

Der Atem ist ein Vehikel, das dazu bestimmt ist, uns beim Lernen der Lektionen, die das Leben uns erteilt, zu helfen. Er steht im Dienst der Bewusstheit. Er ist da als eine Art Freund oder Gefährte, der uns begleitet, uns unterstützt und uns hilft, einen Geist zu entwickeln, der klar, stabil, entspannt und voller Energie ist. Das *Anapanasati Sutta* benutzt das bewusste Atmen dazu, den Geist so zu entwickeln, dass er ein geeignetes Instrument ist, um in sich selbst hineinzusehen. Das Atmen wird dafür genutzt, die volle Aufmerksamkeit für den Prozess von Geist und Körper zu wecken und dann beizubehalten, auf dem Meditationskissen sowie auch anderswo. Ein auf diese Weise geschulter Geist ist dann in der Lage, die Dinge anzusehen, die schwierig und uns allen bekannt sind. Er kann Furcht, Einsamkeit und Zorn ansehen. Er kann Ihnen helfen, sich selbst zu erkennen, zu verstehen, wie Sie *tatsächlich* leben – und er kann Sie durch dieses Verständnis befreien.

Der spezielle Ansatz des *Anapanasati Sutta,* den wir nutzen werden, ist sehr einfach. Wie schon gesagt, nennt man ihn die kondensierte Methode. Grundsätzlich besteht er aus zwei Schritten. Im ersten Schritt, *Shamatha* genannt, beruhigen Sie den Geist mit bewusstem Atmen. Im zweiten Schritt benutzen Sie diesen Geist – der nun stabiler und klarer ist und von der Empfindung des Atems gestützt wird –, um zu beobachten, wie alles auftaucht und wieder vergeht. Dies ist *Vipassana* oder Einsichtsmeditation. Sie umfasst alle Geschehnisse, die wir als Geist bezeichnen: Emotionen, Gedanken, Pläne, Sorgen, die Zustände des Körpers, Klänge, Gerüche – all das, was wir für unsere Erfahrung halten. Bei der Atembewusstheit geht es nicht nur um eine Beruhigung des Geistes – was viele Meditierende, die mit dieser Methode nicht vertraut sind, annehmen. Der Atem hilft Ihnen vielmehr, die volle Aufmerksamkeit aufrechtzuerhalten, indem er Sie in die Lage versetzt, die wahre Natur aller Formen, all dessen, was auftaucht und wieder vergeht, mit größerer Klarheit und Genauigkeit zu sehen. Ein solches einsichtsvolles Sehen kann sich als sehr tiefgründig und befreiend erweisen.

Lassen Sie uns unsere Aufmerksamkeit jetzt dem ersten Teil der Praxis zuwenden, die den Geist beruhigt und Sie mit dem Atem vertraut macht, wie er im gesamten Körper erfahren wird. Im nächsten Kapitel werden Sie beginnen zu sehen, wie es zum Loslassen kommt, indem Sie lernen, den Atem als Heimathafen zu nutzen, während Sie alles beobachten, was auftaucht und wieder vergeht. Danach werden wir dann untersuchen, wie der Atem Ihnen hilft, eine größere Sensibilität dafür zu entwickeln, wie Sie Ihr Leben tatsächlich leben, während Sie nicht auf dem Meditationskissen sitzen, sondern durch Ihre alltäglichen Erfahrungen gehen – sei es am Arbeitsplatz, in der Schule oder zu Hause. Dann werden wir zur Übung des völlig absichtslosen Sitzens weitergehen, wobei wir tatsächlich über den Atem hinausgehen und in das bewusste Gewahrsein der Stille eintreten.

Lassen Sie uns in die voll ausgeprägte Übung der Atembewusstheit einsteigen, wie Sie damit in Ihrer formellen Meditation arbeiten werden. Wir werden mit einer Übersetzung des dritten der sechzehn Schritte im Sutta selbst beginnen: „Den ganzen Körper empfindend, atmet der Yogi ein. Den ganzen Körper empfindend, atmet der Yogi aus." Der Bezugsrahmen ist also der ganze Körper, wie er dasitzt. Damit ist gemeint, dass Sie jeden Atemzug erfahren, wie er in Ihnen auftaucht, wie auch immer er ist. Das ist keine verzweifelte Suche. Es bedeutet nicht, dass Sie versuchen, den gesamten Körper zu erfassen. Es bedeutet, dass Sie einfach fühlen, was immer Sie fühlen. Das genügt.

Wesentlich ist hierbei die Qualität der Bewusstheit. Die Empfindungen stellen sich von Atemzug zu Atemzug an jeweils anderen Orten im Körper deutlicher ein, und dies hilft den Geist zu schulen, weil es eine Herausforderung ist. Der Geist lernt nicht nur, aufmerksam zu sein, sondern auch geschmeidig, flexibel. Es geht darum zu lernen, bei den Atemempfindungen zu bleiben, während sie auftauchen, wie immer sie beschaffen sein, wo immer sie besonders deutlich sein mögen.

Die Sitzmeditation

Weisheit hat sehr viel damit zu tun, leben zu lernen. Dieses Lernen verlangt nicht nur einen Geist, der interessiert und bereit zu lernen ist, sondern auch die Hilfe des Körpers. Geist und Körper sind enge Partner.

Können Sie sowohl in der Übung der Sitzmeditation als auch über das Sitzen hinaus dem Körper helfen, sich zu entspannen und gleichzeitig aufrecht zu bleiben?

Beides ist notwendig. Entspannung allein kann zu einer lässigen Einstellung führen, die es schwermacht, wach zu sein. Eine aufrechte Haltung allein kann rigide werden und Ihr Vermögen, den Körper zu entspannen, beeinträchtigen. Sie lernen hier eine Feinabstimmung Ihrer Aufmerksamkeit, so wie Sie die Lautstärke bei einem Radioapparat feinabstimmen. Auf die eine Weise ist es ein wenig zu laut, auf die andere Weise ein wenig zu leise. Schließlich lauschen Sie der Musik, die Sie mögen und wirklich hören wollen, und Sie sind in der Lage, sie so einzustellen, dass die Lautstärke genau richtig ist. Dies ist ein fortlaufendes Projekt, bei dem Sie dem Körper helfen zu lernen, wie man sitzt. In Dharma-Kreisen nennt man dies „seinen Sitz einnehmen". Es genügt nicht, sich zum Sitzen einfach nur auf das Kissen fallen zu lassen.

Der hier als Leitlinie benutzte Standard ist derselbe wie bei allen anderen Yoga-Stellungen oder *Asanas,* ein Standard, wie er ursprünglich angewendet wurde und bis heute angewendet wird. Wenn Sie sich in einer bestimmten Körperhaltung einrichten, lernt der Körper, sowohl stabil als auch entspannt zu sein, und es ist hilfreich, wenn beide Eigenschaften vorhanden sind. Lernt der Körper, stabil und entspannt zu sein, so liefert Ihnen das ein starkes Fundament für Ihre Aufmerksamkeit.

Dies ist natürlich ein Ideal. Zu Beginn der Praxis sind Sie gewöhnlich weder stabil noch entspannt! Was also tun? Sie beginnen damit, den Körper so aufrecht zu halten und so entspannt sein zu lassen, wie es Ihnen gerade möglich ist, und allmählich lernen Sie, zu einer befriedigenderen Weise des Sitzens zu gelangen. Es ist eine gute Idee, sich zu Beginn des Sitzens einige Momente Zeit zu nehmen, um mit Achtsamkeit durch den Körper hindurchzugehen und zu sehen, ob irgendwelche angespannten Bereiche hervorstechen. Beginnen Sie mit dem Kopf und gehen Sie langsam durch den ganzen Körper abwärts, wobei Sie dort innehalten, wo Aufmerksamkeit verlangt ist. Vielleicht haben Sie die Zähne vor Entschlossenheit zusammengebissen. Versuchen Sie nicht, diesen Bereich zu entspannen. Suchen Sie das unangenehme Gefühl einfach mit Empfindsamkeit auf und fühlen Sie das, was Sie als „Spannung" benennen, auf rohe, nackte Weise. Beobachten Sie, was geschieht, und gehen Sie weiter. Sind die Schultern in eifriger Erwartung hochgezogen? Wie fühlt sich das an? Bleiben Sie einige Momente dabei, beobachten Sie, was geschieht, und gehen Sie dann weiter, bis Sie den gesamten Körper beobachten.

Sie sind nicht bestrebt, einen perfekt aufrechten, entspannten Körper zu erlangen. Sie versuchen vielmehr, sich einen kurzen Überblick über seine Verfassung zu verschaffen, was Ihnen hilft, ruhig Ihren Sitz einzunehmen und dann in die Übung der Ganzkörper-Bewusstheit einzutreten.

Sollten Sie übrigens an irgendeinem Punkt während Ihrer Sitzperioden zu dem Schluss kommen, Ihre Sitzhaltung aufgrund von Schläfrigkeit oder extremem Unbehagen oder Schmerzen im Körper verändern zu müssen, dann tun Sie das. Versuchen Sie jedoch, die Bewegung des Körpers möglichst geringfügig zu halten. Halten Sie inne und fragen Sie sich: Warum ist es notwendig, die Position zu verändern? Bewegen Sie sich nicht sofort. Was auch immer der Grund dafür ist, dass Sie beschließen, sich zu bewegen, tun Sie es langsam, achtsam. Atmen Sie ein und atmen Sie aus, sodass die Verlagerung von Atembewusstheit begleitet ist. Es ist auch in Ordnung zu stehen und dieselbe Übung in einer stehenden Haltung auszuführen.

Wenn Sie feststellen, dass Sie Ihre Haltung sofort ändern wollen, weil es Sie irgendwo juckt oder Sie sich ein wenig unbehaglich fühlen, dann versuchen Sie, damit zu sitzen und zu beobachten, wie sehr Sie das ärgert und wie verzweifelt der Geist wird. „Könnte ich mich doch nur an dieser Stelle kratzen, dann wäre ich der glücklichste Mensch der Welt." Wenn der Geist wegen eines Juckens dermaßen verzweifelt, dann denken Sie daran, wie Sie mit all den anderen Dingen, die sich im Leben ereignen, umgehen wollen. Manchmal ist es gut zu sitzen und sich dessen bewusst zu werden, wie der Geist arbeitet. Andererseits können Sie sich auch selbst Schaden zufügen und die Übung aller Freude berauben, wenn Sie sich weigern, sich zu bewegen, obwohl Sie starkes Unbehagen empfinden. Es gibt kein Patentrezept. Es ist Aufgabe der Weisheit zu wissen, wann es weise ist, sich zu bewegen, und wann nicht.

Beginnen wir jetzt mit der Übung der Ganzkörper-Bewusstheit. Wenn Sie auf Ihrem Kissen, Stuhl oder Ihrer Bank sitzen, lenken Sie Ihre Aufmerksamkeit auf die offensichtliche Tatsache, *dass* Sie sitzen. Sitzen geschieht. Sie richten Ihre ganze Aufmerksamkeit auf den Körper, der so sitzt, wie er es tut. Dazu brauchen Sie sich nicht anzustrengen.

Ringen Sie nicht darum, jeden Quadratzentimeter des Körpers zu erfassen. Seien Sie einfach auf entspannte und lockere Weise in Ihrem ganzen Körper anwesend, wobei Sie die Atemempfindungen fühlen, wo immer Sie sie fühlen. Ein Einatmen geschieht – wo fühlen Sie es? Wo fühlen Sie die Atemempfindungen, während sich Ihre Lunge leert? Wo immer Sie sie fühlen, ist es in Ordnung.

Bei dieser Übung geht es darum, Ganzkörper-Bewusstheit zu entwickeln. Welche Einstellung haben Sie zum Atemprozess? Sie bemerken vielleicht eine starke Neigung dazu, den Atem zu kontrollieren, ihn zu lenken, zurückzuhalten oder die Atmung zu vertiefen. Auf dieselbe Weise versuchen die meisten von uns, andere Aspekte ihres Lebens zu kontrollieren, wobei sie A als einen Trittstein benutzen, um zu B zu gelangen oder, wenn sie sehr ehrgeizig sind, gleich zu Z voranzuspringen. Wenn dem so ist: Ist das womöglich eine alte Gewohnheit, die sich behauptet? Versuchen Sie etwa, den Atem lebendiger zu machen, sodass Sie schneller „zur Ruhe kommen" können?

Hier werden Sie aufgefordert, die Dinge sein zu lassen, sich nicht einzumischen, einfach zu sitzen und zu beobachten. Ist das nicht passiv, fatalistisch? Kann auf diese Weise etwas wirklich Wertvolles geschehen? Versuchen Sie es mit diesen Anweisungen und finden Sie es heraus. Vielleicht beobachten Sie, dass Sie Ihren Atem tatsächlich kontrollieren. Wenn Sie dann versuchen, den Atem nicht zu kontrollieren, geraten Sie in eine subtilere Falle, die darin besteht, das kontrollieren zu wollen, was vergebliche Liebesmüh ist. Bringen Sie stattdessen Achtsamkeit in diese Neigung, werden Sie sich der „Kontrolliertheit" bewusst. Sie lernen die Kunst des Zulassens; Sie lassen das Atmen einfach geschehen und *machen* es nicht. Welchen Rhythmus die Atmung auch annimmt, der ist ganz richtig.

In letzter Zeit habe ich meine Enkelin dabei beobachtet, wie sie gehen lernt. Ich sehe, wie sie hinfällt, aufsteht, wieder hinfällt und wieder aufsteht. Das geht eine ganze Weile so weiter. Was mich beeindruckt ist, dass sie keinerlei Vergleiche zu anderen Kindern anstellt. Ganz offensichtlich denkt sie nicht: „Na so was, das Kind von nebenan fällt nicht so oft hin wie ich" oder „Die Ärzte sagen, dass ich in diesem Alter erst nach vier Schritten hinfallen sollte, und ich schaffe nur dreieinhalb". Nein. Ich sehe, wie sie freudig am Prozess des Gehenlernens teilnimmt: kein Leiden. Bei ihren Eltern und Großeltern sieht das aber anders aus: Weil sie mit den neuesten medizinischen Normen beladen sind, die den „korrekten" Fortschritt beim Gehenlernen standardisieren und diktieren, vergleichen sie ihr Kind mit anderen, und das führt zu Leiden. Wie jeder von uns würden auch sie weniger leiden, wenn sie die Kunst des Zulassens entwickelt hätten.

Während Sie achtsames Atmen üben, entwickeln Sie diese Kunst, und Sie kultivieren ebenfalls die damit verbundene Fähigkeit zu *empfangen*. Sie sind einfach für die Empfindungen des Atmens gegenwärtig, so wie sie auftauchen, wo immer im Körper sie sich zeigen. Ohne nach etwas zu greifen oder etwas zu suchen, sind Sie einfach für das, was in Ihrem Bewusstseinsfeld auftaucht, empfindsam. Die beiden Aspekte begleiten einander: das Zulassen und gleichzeitig das Empfangen der Erfahrung von Ganzkörper-Atmung.

Können Sie die Fähigkeit entwickeln, stabil und achtsam zu sein, ob der Atem nun angenehm, lebhaft oder ausgeprägt ist? Können Sie, während Ihre Praxis sich entfaltet, diese Haltung angesichts des vollen Spektrums mentaler, emotionaler und körperlicher Geschehnisse, die manchmal weit beängstigender sind, beibehalten?

Wenn Sie für den atmenden Körper offen sind, dann fühlen Sie vielleicht, dass Ihr Kiefer als Teil des körperlichen Lebens sehr angespannt ist. Es ist nicht so, dass Sie beschließen, sich auf die Energie in diesem Teil des Körpers zu konzentrieren; die Spannung zeigt sich einfach in Ihrer Bewusstheit, gleichzeitig mit den Atemempfindungen. Beginnen Sie, das Atmen im gesamten Körper zu spüren. Während Ihre Aufmerksamkeit vom Kiefer angezogen wird, spüren Sie auch die Atemempfindungen im Kontext des sitzenden Körpers. Atem, Achtsamkeit und der Körper sind zu einer einheitlichen Erfahrung synchronisiert. Dies sind tatsächliche Empfindungen, Sie können sie fühlen, während die Lunge sich füllt und leert. Diejenigen von Ihnen, denen diese Übung neu ist, sollten wissen, dass sich dies nicht auf ein Bild oder ein Wort bezieht. Bilder und Gedanken werden im Geist erzeugt, doch in diesem Moment lassen Sie Ihre Aufmerksamkeit im rohen, nackten Körperleben aufgehen. Beobachten Sie, was im Licht der vollen Aufmerksamkeit geschieht.

In dieser Übung der Ganzkörper-Bewusstheit lassen Sie die Atmung ganz natürlich ablaufen. Sie versuchen den Atem in keiner Hinsicht zu gestalten. Sie versuchen nicht, ihm die Form eines Ideals vom Atmen zu geben. Es geht hier nicht um irgendeine Atemtherapie, auch wenn diejenigen unter Ihnen, die eine

Zeitlang Atemtherapie praktiziert haben, wissen, dass diese eine wohltuende Wirkung auf die Atmung hat. Sie erlernen eine neue Kunst: die Kunst des Zulassens und Empfangens. Können Sie den Atem geschehen *lassen,* statt ihn geschehen zu *machen?* Sie rennen nicht hinter irgendetwas her. Sie sind aufrecht und entspannt, was Bewusstheit, Atmung und Körper dazu einlädt, sich zu vereinigen. Ganz allmählich werden sie zu einer einheitlichen Erfahrung. Die drei Energien verschmelzen miteinander: Körper, Geist und Atem. Natürlich waren sie nie voneinander getrennt!

Sollten Sie Erfahrung mit dem Yoga haben, dann haben Sie vielleicht die Gewohnheit entwickelt, den Atem in der Übung von Pranayama zu kontrollieren und zu lenken. Das ist eine wertvolle Fertigkeit, die Sie hier aber nicht anwenden. Wenn Sie Erfahrung in der Meditation haben und andere Methoden der Atembewusstheit praktiziert haben, tritt womöglich eine andere Schwierigkeit auf. Die meisten Methoden der Atembewusstheit sind fokussiert und auf einen Punkt gerichtet – entweder auf die Nasenlöcher, auf die Brust oder auf den Bauch. Im Gegensatz dazu werden Sie in dieser Praxis dazu angehalten, die Aufmerksamkeit nicht zu verengen, sondern das Feld der Bewusstheit zu öffnen, wobei die Aufmerksamkeit, die von der Atemenergie von Atemzug zu Atemzug zu einem anderen Teil des Körpers hingezogen wird, sich verlagert. Dies mag sich merkwürdig anfühlen: Sie fühlen sich vielleicht unfähig wie ein totaler Anfänger, da die Energie der Gewohnheiten aus der Vergangenheit darauf insistiert, auf etwas fokussiert zu bleiben, wo sie früher angenehm und wirksam war. Es kommt zu einem Kampf und Sie sind sich nicht sicher, ob Sie dieses ganze Ganzkörper-Gewahrseins-Zeug überhaupt lernen wollen.

Natürlich steht es Ihnen frei, bei dem zu bleiben, was Ihnen in der Vergangenheit geholfen hat. Doch wenn Sie sich entscheiden, es mit dieser neuen Methode zu versuchen, erinnern Sie sich daran, dass Sie vor jedem neuen Lernprojekt dieses merkwürdige Gefühl gehabt haben. Beobachten Sie den Geist bei seinem Kampf. Wo Widerstand auftritt, gibt es auch eine wunderbare Gelegenheit zur Entwicklung von Weisheit, indem Sie sehen, was geschieht:

„Das gefällt mir nicht." – „Das ist etwas Neues für mich; es fühlt sich nicht gut an." – „Was, wenn ich dabei versage?" Sie sehen, wie der Geist sich windet.

Geduld, sanfte Beharrlichkeit und ein gewisses Maß an wirklichem Interesse sind nötig, um irgendeine neue Fertigkeit zu erlernen. Wenn Sie dabei einschlafen, wachen Sie auch wieder auf, ohne sich Vorwürfe zu machen – so wie meine Enkelin, die hinfällt und oft geradezu strahlend wieder aufsteht, während sie gehen lernt. Wäre es nicht wunderbar, wenn Sie ebenfalls so einfach sein könnten? Einfach eine neue Fertigkeit lernen, ohne den Spielstand zu registrieren. Kein Vergleichen. Dies ist Ihnen schon früher passiert, und es kann wieder geschehen. Sie werden aufwachen, einschlafen, aufwachen, einschlafen. Am meisten profitieren diejenigen von der Übung, die sich nicht entmutigen lassen oder die, wenn das einmal passiert, sich achtsam zusammennehmen und neu anfangen.

Wie Sie alle wissen, ist der Geist ungezügelt – besonders zu Anfang. Er hat seinen eigenen Willen. Er hört die Anweisungen und schert sich nicht darum. Er hat andere Vorlieben, die sehr viel interessanter sind als der Atem – etwa sich Sorgen darüber zu machen, was in 20 Jahren geschehen könnte, wenn die Rente gekürzt wird, oder etwas erneut zu durchleben, was vor 20 Jahren geschehen ist, als Sie an einem Marathonlauf teilgenommen haben. Auch wenn Sie jetzt „offiziell" die Betonung auf Konzentration und beruhigende Übung legen, gehört zu den Dingen, die Sie zu bemerken beginnen, dass unser Geist oft eine imaginäre Zukunft bevorzugt, sei sie wunderbar oder schrecklich, oder auch eine wunderbare oder schreckliche Vergangenheit, die längst vorbei ist und nie zurückkehren wird: alles, nur nicht die Tatsache des einfachen Ein- oder Ausatmens. Sie beginnen, bestimmte Zwanghaftigkeiten des Geistes zu erkennen und dass dieser eine begriffliche Wirklichkeit der einfachen, nackten Wahrheit des Hier und Jetzt vorzieht.

In eben diesem Moment ist die Übung so wunderbar einfach. Sie kommen zu jedem Atemzug zurück, genau so, wie er geschieht, und genau so, wie er im ganzen Körper erfahren wird.

Sie kommen so oft dazu zurück, wie nötig: sanft, behutsam, mit Leichtigkeit. Sie müssen kein Problem daraus machen. Wenn der Geist beginnt, Punkte zu verteilen – indem er denkt, bewertet und Vergleiche dazu anstellt, wie andere Menschen dies vielleicht praktizieren oder wie es gestern gelaufen ist –, dann sehen Sie auch das. Es sind bloße Gedanken. Doch wenn Sie an diese Gedanken glauben, haben Sie ein Problem. Sie können lernen, die Gedanken einfach kommen und gehen zu lassen, und erneut zur Ganzkörper-Bewussthcit zurückkehren.

Wenn der Atem immer sanfter wird, immer subtiler und feiner, bemerken Sie vielleicht eine große Lücke der Stille zwischen den Atemzügen. Es ist leicht, sich dort zu verlieren, indem man die Stille ausfüllt, indem man Gedanken weiterspinnt, Vorstellungen und Projekten nachgeht, die Zukunft erfindet und die Vergangenheit wiedererlebt. Es können Minuten vergehen, bevor Ihnen auffällt, dass Sie sich in dieses Gedankenwirrwarr verstrickt haben. Ein Vorteil des Ganzkörper-Ansatzes ist, dass es da zwar eine Lücke zwischen den Atemzügen gibt, der Körper jedoch immer noch da ist, sitzend. Sie sind sich dieser „Sitzend-heit" bewusst, bis der nächste Atemzug auftaucht. Das gibt dem Geist etwas Greifbares, woran er sich festhalten kann und das ihm hilft, im gegenwärtigen Moment wach zu bleiben.

Mithilfe der Ganzkörper-Bewusstheit lernen Sie, ganz nah dran zu sein an der rohen, nackten Erfahrung des körperlichen Lebens. Indem Sie dies tun, betonen Sie die erste Grundlage der Achtsamkeit, „der Körper im Körper". Dies ist nicht so leicht zu erreichen, weil es immer mit dem Geist vermischt ist. Doch während Sie sitzen und atmen, bringen Sie einfach nur Aufmerksamkeit in den ganzen Körper. Sie können lernen, nicht den Versuch zu machen, irgendetwas festzuhalten, sich nicht einzumischen, die Dinge nicht dazu zu gebrauchen, irgendwohin zu gelangen. Sie ermöglichen es der Atemenergie einfach, aufzutauchen, sich zu zeigen und wieder zu verschwinden.

Wo spüren Sie die Atemempfindung, während Sie einatmen? Und wo spüren Sie sie, während Sie ausatmen? Sie bleiben bei diesem Fühlen von Körperempfindungen, die kommen und gehen. Das ist keine Imagination; es ist kein Bild. Sie lernen diese Kunst des Zulassens, etwas, das man in eher religiöser Sprache *Hingabe* nennen würde. Hingabe an was? An das, *was ist,* an das natürliche Gesetz, dem der Atem gehorcht, nach dem die Lunge sich füllt und leert.

Wenn Sie auf diese Weise praktizieren, nehmen Sie Ihren Sitz ein und sind aufrecht und entspannt. Sie sitzen, atmen und lernen, bei einem Thema zu bleiben: dem Atmen im Kontext des ganzen Körpers. Während Sie das tun, hält die Welt natürlich nicht an. Wo auch immer Sie sich befinden, gibt es Geräusche. Manche davon sind angenehm, wie etwa Vogelzwitschern. Andere sind nicht so angenehm, wie die Geräusche von Lastwagen, Autos, Krankenwagen und Polizeiautos, die durch die Straßen einer Stadt rasen. Indem Sie die Geräusche kommen und gehen lassen, lernen Sie, friedlich mit allem zu koexistieren, was anders ist als der Atem.

Auch Gedanken kommen und gehen, ebenso wie Stimmungen und Bilder. Genauso fühlt sich der Körper mal angenehm, mal unangenehm an. Der Geist ist erst optimistisch und dann pessimistisch. Sie sind total interessiert an der Praxis und dann wieder gelangweilt von dieser. In all dem machen Sie die Ganzkörper-Bewusstheit zu Ihrem Heimathafen. Der Atem ist wie ein guter Freund, der uns hilft, diese Bewusstheit aufrechtzuerhalten. Jedes Mal, wenn Sie bei einem Einatmen oder Ausatmen sind, lernen Sie, im gegenwärtigen Moment zu sein. Sie lernen, bei den Atemempfindungen zu sein, genauso wie sie sind. Es ist in der Tat ein Vorteil, dass der Atem so viele unterschiedliche Eigenschaften annimmt, denn dies fordert den Geist heraus zu lernen, wach beim Atem zu bleiben, wenn er lang ist, wenn er flach ist, wenn er fein und wenn er grob ist.

Dieser umfassende Ansatz kann für intellektuelle Menschen besonders hilfreich sein, denn es gibt da keinen verbalen Inhalt. Der Intellekt wird nicht gefüttert. Bei diesem Ansatz sind Sie weder für noch gegen das Denken. Sie versuchen nicht, irgendetwas festzuhalten, noch versuchen Sie, den Atem als ein Sprungbrett zu nutzen, um irgendwohin zu gelangen. Sie gestatten dem Geist vielmehr, sich zu denken, was immer er mag. Sie lernen, zeitweilig Dinge geschehen zu lassen. Sie lernen, den Geist tun zu lassen, was er tut, ohne nach Vorstellungen von der Zukunft oder nach Erinnerungen an vergangene Tage zu greifen. Jeder Atemzug geschieht nur im gegenwärtigen Augenblick – und Sie lernen, in diesem Moment zu verweilen, den Atem zu benutzen, um aufzuwachen und volle Aufmerksamkeit aufrechtzuerhalten.

Achtsamkeit bedeutet unter anderem, dass Sie sich daran erinnern, sich dem zuzuwenden, was Sie sich vorgenommen haben. In diesem Fall bedeutet es, sich an die Ganzkörper-Atmung zu erinnern. Von all den vielen interessanten Orten, denen Ihre Aufmerksamkeit sich zuwenden kann, wählen Sie diesen: der Körper, wie er sitzt und atmet. Ob irgendeine Fabrikation des Geistes nun tiefsinnig oder trivial ist – sie ist eine Ablenkung. Es geht darum, zur totalen Einfachheit des Sitzens und Atmens und Wissens zurückzukehren. Darum ist es so wichtig für Sie zu wissen, was Sie ursprünglich vorhatten. Verpflichten Sie sich – wenigstens vorläufig – zu dieser Methode. Wenn Sie unentschlossen sind, dann steht die Tür offen für den wilden, ungeschulten Geist, sich immer wieder zu behaupten und die Kontrolle zu übernehmen.

Wenn Sie sich der Atmung bewusst werden, wird sie ruhiger. Und wenn die Atmung ruhiger wird, bemerken Sie vielleicht, wie es Millionen von Menschen über Tausende von Jahren bemerkt haben, dass der Körper entspannter wird, weil der Atem den Körper wirkungsvoll konditioniert. Zudem stellen Sie vielleicht fest, dass der Geist ruhiger wird, weil der Atem auch den Geist wirkungsvoll konditioniert. Sie *versuchen* nicht, ihn zu beruhigen, es geschieht einfach als Nebenprodukt der Achtsamkeit. Und natürlich funktioniert die ganze Sache auch umgekehrt: Den Körper zu entspannen entspannt den Geist, und den Geist zu entspannen hilft der Atmung. Was Sie ebenfalls herausfinden mögen ist, dass der Körper, wenn Sie die Praxis aufrechterhalten, dem Beispiel folgt und es leichter wird zu sitzen. Das Ergebnis von alldem ist etwas sehr

Gutes: Sie fühlen sich ruhiger, friedlicher – vielleicht nicht sofort, aber Schritt für Schritt, während die Atembewusstheit durchgängiger wird. Freude stellt sich ein. Warum sollte man sich sonst um diese Übung bemühen? Wenn Sie das noch nicht erfahren haben, werden Sie es erfahren. Daran ist nichts Mysteriöses. Während die Atembewusstheit sich entwickelt, beginnt der Körper sich zu entspannen, weil die beiden sich wechselseitig bedingen. Schließlich werden Sie erkennen, dass da einfach *ein* Leben abläuft.

Denken Sie jedoch daran, dass Sie nicht versuchen, irgendetwas zu beruhigen. Es geht darum, den Atem einfach im Kontext des ganzen Körpers geschehen zu lassen. Punktum. Wenn Sie üben, um irgendwohin zu gelangen, dann beobachten Sie nicht völlig aufmerksam oder achtsam. Wenn der Geist zum Beispiel sagt: „Toll, wenn du wirklich beim Atem bleibst, wirst du total ruhig und du empfindest Freude und Frieden. Von dem Kuchen möchte ich ein Stück haben." Nun ja, es lässt sich nicht leugnen, dass so etwas geschieht. Doch wenn Sie an so etwas denken, während Sie den Atem beobachten, dann ist ein Zipfel Ihres Geistes abgelenkt und zielorientiert: „Ich werde dies tun, um jenes zu erreichen." Doch hier geht es um eine Kunst, die Kunst des Zulassens. Die Ruhe, die Sie sich wünschen, wird sich aus dem Sehen ergeben. Wenn Sie versuchen, das Sehen zu benutzen, um ruhig zu werden, dann gibt es da einen Kampf, und Sie beginnen, Leid zu erfahren.

Es kommt nicht darauf an, nach Atemempfindungen zu suchen, sondern vielmehr das zu empfangen, was vorhanden ist. Es ist ein Lernen der Kunst des Zulassens. Sie finden heraus, ob Sie die Atmung von selbst atmen lassen und sie empfangen können, während sie abläuft. Ganz gleich, wie der Atem gerade beschaffen ist, die Herausforderung besteht darin, für diese spezielle Qualität wach zu bleiben. Sie versuchen nicht, den Atem auf irgendeine Weise zu formen oder zu gestalten. Sie versuchen nicht, ihn irgendeiner Norm von dem anzugleichen, was Sie für gesundes Atmen halten. Sie lernen vielmehr, den Atem einfach nur geschehen zu lassen. Wenn Sie das nicht tun, dann sehen Sie auch das. In diesem Sehen kommen Sie ganz natürlich und Schritt für Schritt zur Nichteinmischung. Dadurch, dass Sie die Einmischung beobachten, dass Sie sehen, wie Sie den Atem lenken – und das kann auf sehr subtile Weise geschehen –, beginnt die Macht des Kontrollierens in Ihrem Geist zu verblassen, und Sie lernen die Kunst, einfach nur präsent zu sein.

Können Sie jedes Mal, wenn Sie vom atmenden Körper abgelenkt werden, das sehen, ohne es zu einem Problem, einer Schwäche oder einem Fehler zu machen? Ablenkungen von den Atemempfindungen sind keine Rückschläge, solange Sie sich nicht in sie verstricken. Sobald Sie aufwachen, in dem Moment, wo Sie sich der Nichtbewusstheit bewusst werden, sind Sie wieder auf Kurs. Kommen Sie einfach wieder sanft zum Atem zurück, zum sitzenden und atmenden Körper, zur Ganzkörper-Atmung. So oft Sie auch abdriften, so oft kommen Sie zurück. Kommen Sie behutsam, sanft, ohne Schuldzuweisung zurück. Oft wird der Geist bestimmte Gewohnheitsenergien aktivieren und beurteilen, wie gut Sie sind, und er wird Ihnen ein Zeugnis mit einer schlechten Note ausstellen. Sehen Sie einfach, wie der Geist das tut. Er kann nicht anders. Gedanken kommen und gehen, wie Wolken am Himmel. Dann kehren Sie zur Atmung zurück. Zweitausendmal in einer Sitzperiode oder vielleicht auch nur einmal.

Denken Sie daran, dass der Geist jedes Menschen anfangs ungezügelt ist. In all meinen Jahren als Lehrer ist mir keine einzige Ausnahme begegnet, ganz gleich, welchen Beruf ein Mensch hatte oder wie gut er sich konzentrieren konnte, ob er nun Musiker, Programmierer, Koch oder ein Elternteil war. Das spielt keine Rolle. Wenn es darum geht, uns selbst zu beobachten, scheint der Anfang immer neu und herausfordernd zu sein.

Schritt Nummer eins besteht darin zu sehen, dass wir so gestrickt sind. Unser Geist ist nun einmal ungezügelt. Er muss geschult werden, er muss neu erzogen werden. Sie haben nicht gelernt, wie wertvoll es ist, nicht jeder Fabrikation des Denkens nachzulaufen. Sie haben nicht gelernt zu bemerken, wie viel Energie vergeudet wird, wenn Sie an jeden Gedanken glauben, zu bemerken, wie oft Sie von chronischer Nabelschau und sich wiederholenden Gedanken mitgerissen werden. Wenn Sie diese Gedanken genau ansehen, wird klar, dass sie nur sehr wenig Bedeutung haben. Sie sind einfach Gewohnheitsenergie – wie eine Schallplatte mit Sprung, bei der immer und immer und immer wieder dieselbe Sequenz wiederholt wird.

Vor einigen Jahren kam ein weltberühmter Gehirnchirurg in unser Zentrum in Cambridge, um das Meditieren zu lernen. Nachdem er etwa einen Monat lang an Unterweisungen teilgenommen und persönliche Gespräche gehabt hatte, bat er darum, mich privat sprechen zu können. Er teilte mir mit, dass er nicht weiter praktizieren wolle. Ich fragte nach dem Grund, und er berichtete mir traurig, er fühle sich gedemütigt, weil er entdeckt habe, wie chaotisches sein Geist sei – im Vergleich zu dem wunderbar stabilen hohen Maß an Aufmerksamkeit, das er gewöhnlich während einer Gehirnoperation erfuhr. Ich fand seine Ehrlichkeit beeindruckend, doch trotz meiner Ermutigung kam er nie wieder zurück. Offensichtlich konnte er in das Gehirn anderer Menschen hineinsehen, aber nicht in sein eigenes!

Also bitte lassen Sie sich nicht entmutigen; Sie erlernen hier eine völlig neue Fertigkeit. Bleiben Sie dran! Sobald Sie einmal gesehen haben, dass der Geist geschult werden muss, und Sie einfach beim Atmen bleiben, beginnt die Neigung, sich von der Atmung ablenken zu lassen, schwächer zu werden. Sie beginnen zu sehen, wie wohltuend das bewusste Atmen ist, weil es wirklichen Frieden und Freude mit sich bringt sowie vielleicht noch andere Dinge, die Sie nicht in Worte fassen können. Während dies geschieht, beginnen Sie, alte, nie hinterfragte Verhaltensweisen Ihres Geistes, der so gern in einer nie wiederkehrenden Vergangenheit verweilt oder sich eine Zukunft ausdenkt, abzulegen. Vermögen Sie diese Gewohnheiten einzutauschen gegen bloß dieses Einatmen, bloß dieses Ausatmen?

Sie üben, einfach nur dort zu sein, wo Sie sind. Das ist nicht leicht. Wir alle scheinen eine imaginäre Zukunft oder eine längst vergangene Vergangenheit der Gegenwart vorzuziehen – alles, bloß nicht diesen Augenblick. Der Grund hierfür ist bei jedem

Menschen ein anderer. Doch oft liegt es daran, dass Sie eine Vorstellung von sich selbst haben. Sie denken: „Ich atme hier, und ich möchte es besonders gut machen." Sie wollen ein großer Yogi sein. Sie wollen ruhig sein. Sie wollen alles richtig machen. Und diese Dynamik ist zweifellos nichts Neues. Sie wurden nicht erst in dem Moment davon infiziert, in dem Sie zu üben begannen. Höchstwahrscheinlich haben Sie dies bereits in Hinsicht auf Geld oder Sex oder Kunst oder Schönheit oder Kleidung getan. Es gibt endlose Möglichkeiten, sich selbst leiden zu lassen. Vergleiche anstellen heißt leiden. Sie haben vielleicht irgendeine Vorstellung davon, wie weit Sie in Ihrer Übung gekommen sein sollten. Aber die Aufforderung ist einfach: Seien Sie, wo Sie sind.

Vermögen Sie zu sehen, wie sehr Sie aufgrund Ihrer Vorstellungen von sich selbst leiden? Dann ist das Weisheit. Ihnen wird klar, dass Sie sich ein Ziel gesetzt haben, welches Sie Ihrer Meinung nach erreicht haben sollten, und dass Ihnen das nicht gelungen ist. Dies aber sind alles Fabrikationen des Geistes. Ich möchte Sie einfach dazu ermutigen, zu der Tatsache zu erwachen, dass der Körper sitzt und atmet. Das ist alles. Viele von uns sind jedoch viel zu gebildet und zu kompliziert für eine solche Einfachheit.

Lassen Sie uns noch einmal näher auf das bereits Gesagte eingehen, es in einen Zusammenhang stellen und noch etwas mehr Details hinzufügen. Beginnen Sie damit, den Körper in eine Haltung zu bringen, die so angenehm und aufrecht ist, wie es Ihnen möglich ist. Gehen Sie durch den Körper hindurch, wobei Sie beim Kopf anfangen und hinunter bis zu den Füßen gehen. Fühlen Sie irgendwelche Spannungen oder andere Formen von Unbehagen? Verweilen Sie einen Moment achtsam bei diesem Unbehagen und gehen Sie dann weiter. Sie brauchen nicht nach Perfektion zu streben. Seien Sie jetzt mit Bewusstheit im ganzen Körper anwesend, bei Ihrer tatsächlichen sitzenden körperlichen Form, die durch Empfindungen und Bewegungen von Energie zum Ausdruck kommt. Sollten Sie sich aus irgendeinem Grund vom körperlichen Leben abgetrennt haben, so mag sich diese Präsenz zuerst ziemlich merkwürdig anfühlen. Mit einiger Übung entwickeln Sie ein innigeres und befriedigenderes Vermögen, im sitzenden Körper, so wie er ist, zu verweilen.

Der nächste Schritt ist ganz wesentlich: Sie wenden der offensichtlichen, aber oft vernachlässigten Tatsache, dass jeder von uns atmet, achtsame Aufmerksamkeit zu. Mit anderen Worten: Sie sind lebendig! War Ihnen das klar? Sie versuchen nicht, irgendetwas anderes zu produzieren als das, was ist; Sie versuchen nicht, irgendwohin zu gelangen. Seien Sie einfach empfindsam für dieses Einatmen, wie Sie es im ganzen Körper fühlen, und genauso für dieses Ausatmen. Sanft, entspannt und wach. So wie ein Spiegel, der einfach das reflektiert, was sich vor ihm befindet, wird Ihr Bewusstsein einfach und ohne Reaktion, indem es bloß widerspiegelt, was da ist.

Das hört sich gut an, nicht wahr? Sie hören jemanden wie mich sagen: „Lassen Sie den Atem einfach ganz natürlich fließen." Aber die meisten von Ihnen kontrollieren den Atem stärker, als ihnen bewusst ist. Sie können einfach nicht anders. Gelegentlich bemerken Sie vielleicht, dass die Neigung, den Atem zu kontrollieren – die Dauer der Atemempfindungen auszudehnen oder zu verkürzen –, das Einatmen und Ausatmen angenehmer und reizvoller macht. Wenn es angenehmer ist, ist es leichter, die Achtsamkeit aufrechtzuerhalten. Wenn es unangenehmer ist, ist es schwieriger.

Was also tun? Wenn Sie, wie ich bereits erwähnt habe, versuchen, den Atem nicht zu kontrollieren, ist das nur noch mehr Kontrolle: ein ermüdender Kampf. Erfahren Sie stattdessen einfach nur die Kontrolliertheit des Geistes. Lernen Sie, durchgängige Aufmerksamkeit aufrechtzuerhalten, unabhängig von der Qualität jeder Atemempfindung. Beginnen Sie nicht dagegen zu kämpfen. Versuchen Sie nicht, irgendetwas zu glätten. Sie erlernen eine ganz wesentliche Fertigkeit, nämlich einfach bei dem zu sein, was auftaucht – weil es nun einmal da ist.

Sie fühlen nicht das Wort „Atem". Sie fühlen den tatsächlichen Kontakt und die Wirkung des Atems im ganzen Körper. Wenn Sie wirklich ruhig werden, vermögen Sie die Atemempfindungen in

Ihren Zehen, in Ihrer Stirn oder in Ihrem Rücken zu fühlen. Versuchen Sie das nicht zu erzwingen; wenn es geschieht, ist es gut so. Wenn es nicht geschieht, ist es ebenfalls gut so. Fühlen Sie den Atem, wo auch immer Sie ihn fühlen. Einige Menschen fühlen ihn stärker in den Nasenlöchern, andere im Unterbauch, weil sie das so in der Vergangenheit praktiziert haben. Eben dort fühlen Sie ihn. Beschließen Sie nicht im Vorhinein, Ihre Aufmerksamkeit auf diese Bereiche zu konzentrieren. Sie sind dort, weil der Atem dort lebendiger ist und Ihre Aufmerksamkeit angezogen hat, so wie er für jemand anderen an einer anderen Stelle im Körper oder auch für Sie in einem anderen Moment Ihres Sitzens lebendiger sein mag.

Jeder Augenblick der Achtsamkeit erzieht Ihren Geist um und hilft, eine neue Fertigkeit der Stabilität, Sensibilität und Beobachtung zu entwickeln. Sie werden wacher für das, was geschieht, wie das Leben sich verhält und insbesondere, wie Ihr eigenes Leben sich eben hier und eben jetzt verhält. Indem Sie Ganzkörper-Atembewusstheit üben, werden Sie präsenter für Ihre Erfahrung und verstricken sich weniger in den Wildwuchs des Geistes, in das, was auf Pali *Papancas* genannt wird: Zustände, die auftauchen, wenn ein Gedanke zu einer Emotion führt und diese wiederum zu einem anderen Gedanken über die Emotion führt. Ehe Sie sich versehen, leben Sie in einer anderen Wirklichkeit sich überstürzender Gedanken und Emotionen, die nichts mit dem zu tun haben, was tatsächlich vor sich geht.

Dabei lernen Sie den Körper auch immer mehr von innen kennen. Das ist kein Wissen, wie Sie es durch das Studium der Anatomie oder Physiologie erwerben. Sie lernen den Körper vielmehr als ein Energiefeld kennen. Sie werden empfindsamer für ihn. Ich kenne einen Chiropraktiker, den ich selbst jahrelang aufgesucht und vielen Menschen empfohlen habe. Er sagte mir einmal: „Ich bin immer froh, wenn deine Leute zu mir kommen." „Warum denn?", fragte ich nach. Er antwortete: „Nun, wenn ich sie frage, wie ihr Körper sich anfühlt, dann können sie sehr präzise antworten, weil sie in Kontakt mit ihrem Körper sind."

Dies ist ein Teil der Umerziehung. Es ist vielleicht keine Befreiung, aber es wird Ihnen helfen, Ihren Körper intimer kennenzulernen. Oft beginnt sich das Nervensystem zu verbessern. Ihre Energie nimmt zu. Sie werden sensibler für Ihre Nahrung und deren Wirkung auf Sie, für das Klima und dessen Auswirkungen auf Sie und für den Einfluss der Einnahme bestimmter Medikamente. Auch der Gesundheitszustand wird positiv beeinflusst. Das Nervensystem einschließlich des Gehirns wird beruhigt. Sie erfreuen sich einer Atempause von Ihren Sorgen. Dem Körper wohnt eine enorme Intelligenz inne, die verkümmert ist, weil Sie sie unterdrückt oder ignoriert haben. Heute sind viele wunderbare Methoden der Körperarbeit wie etwa Hatha-Yoga und Taiji verfügbar, die helfen können, diese Intelligenz zu wecken – ebenso wie der Ansatz der Atembewusstheit.

Einige von Ihnen haben vielleicht Schwierigkeiten mit dem Atmen. Sollte das der Fall sein, so gibt es eine Reihe von Methoden, dieses Problem zu lösen. Sie können erst einmal vom Atem absehen und bloß auf einfache Körperempfindungen achten. Halten Sie inne, besinnen Sie sich: Geben Sie sich zu viel Mühe? Haben Sie, ohne sich dessen bewusst zu sein, eine Vorstellung davon, wie Ihre Praxis an diesem Punkt aussehen sollte? Wenn das der Fall ist – wo kommt dieses Ziel her? Letztlich geht es bei der Praxis allein um Aufmerksamkeit. Der Atem soll Ihnen helfen, aufmerksam zu sein, weil er unnötiges Denken einschränkt. Wenn Sie sich auf irgendetwas fixieren, und sei es eine gute Sache, wird das nach hinten losgehen. Sie mögen sich vielleicht schwören: „Ich werde auf den Atem achten und den olympischen Rekord in ununterbrochener Atembewusstheit aufstellen", doch Goldmedaillen haben nichts mit Weisheit oder damit zu tun, freier zu werden.

Aufwachen heißt lebendiger werden. Die Lebendigkeit, die Ihnen allen zugänglich ist, ist bereits hier in diesem Augenblick vorhanden. Sie ist Leben in der Form des Atmens. Sie lernen, friedlich mit Geräuschen, Gedanken, Gerüchen, Bildern, Stimmungen und Fabrikationen des Geistes zu koexistieren. Doch Ihr Hauptobjekt der Aufmerksamkeit, Ihr Meditationsthema für den Augenblick, ist bloß diese einfache Tatsache des Sitzens und Atmens und darum zu wissen.

Man könnte sagen, dass sich Ihr Leben auf zwei Gleisen entfaltet. Das eine ist das Gleis des Geistes, auf dem Sie den Fabrikationen des Geistes die Macht übergeben und von diesen beherrscht werden. Auf diesem Gleis denken Sie fast ausschließlich Ihren Weg durchs Leben. Ihr Geist steht zwischen Ihnen und der rohen, nackten, intimen Erfahrung des Lebens selbst.

Das andere Gleis ist das Dharma-Gleis. Sie sind wach. Sie befinden sich in einem Zustand der Aufmerksamkeit. Sie sind präsent. Sie sind unmittelbar in Kontakt mit Ihrer Erfahrung, die nicht von Ideen, Bildern, Schlussfolgerungen und Vorstellungen vermittelt wird. Nur dies! In ebendiesem Augenblick geschieht jeder Atemzug genau hier und genau jetzt, ob Sie sich dessen bewusst sind oder nicht. Schritt für Schritt stellt sich die Frage: Erleben Sie den Atem ganz innig, genauso wie er ist? „Innig" bedeutet, dass Sie nicht davon getrennt sind, sondern alles, was Sie erfahren, ganz und gar erfahren, während die Lunge sich in dieser bestimmten Haltung und zu dieser Zeit an diesem Ort füllt und leert.

Können Sie zum Körper und der Atmung zurückkehren, wenn sich der Geist in seine Fabrikationen verstrickt hat? Wo auch immer Sie diese Atemempfindungen in einem bestimmten Augenblick erfahren, da ist Ihre Praxis perfekt. Diese neue Fertigkeit verfeinert Ihr Vermögen, in einem Zustand der Beobachtung, der Bewusstheit zu leben. Wenn Sie vom Dharma-Gleis abweichen (beachten Sie, dass ich „wenn" und nicht „falls" gesagt habe), dann kommen Sie zurück, ohne zu urteilen und streng mit sich selbst zu sein und ohne sich entmutigen zu lassen. Geduld macht es Ihnen möglich, über alle Beurteilung und Kritik hinauszugehen. Die Übung besteht darin, zurückzukommen. Tatsächlich sind Sie bereits zurückgekommen, wenn Sie sich dessen bewusst werden, dass Sie *nicht* bewusst sind. Wenn Sie nicht zurückkehren müssten, weil der Geist so wild und ungeschult ist, dann bräuchten Sie auch nicht zu üben. Aber bitte machen Sie aus dem Sitzen und Atmen kein Problem. Ajahn Chah, der große thailändische Meditationsmeister, nennt die Meditation „Ferien für das Herz".

Viel von dem, was Sie lernen, ist eine Form der Umerziehung, damit der Geist lernt, mit sich selbst auf neue Weise umzugehen. Sie legen die Macht nicht ständig in die Hände des Denkens, des Denkens an Vergangenheit oder Zukunft, des intellektuellen Wissens und vergangener Erfahrungen, der Konditionierungen. Manchmal ist es angemessen, das zu nutzen, was Sie in der Vergangenheit angesammelt haben, doch ohne es ist das Leben oft besser. Wenn Sie sich Ihres Atems bewusst werden, dann wird der Geist allmählich immer freier. Er sieht genauer, und dieses Sehen ist der Anfang von Weisheit. Es hilft Ihnen zu verstehen, wie Sie tatsächlich leben, und dadurch zu sehen, wie Sie intelligenter leben können.

In dem, was auf den folgenden Seiten beschrieben wird, bringen Sie die Ganzkörper-Atembewusstheit in das, was die vier Körperhaltungen genannt wird (Gehen, Stehen, Sitzen, Liegen), einschließlich der Übung der Gehmeditation. Von da aus gehen Sie über den Atem und den Körper hinaus, um jeden Aspekt dessen einzuschließen, was wir das Leben als Mensch nennen. Ob Sie nun gehen oder sitzen, die Ganzkörper-Atembewusstheit hilft Ihnen, einen Heimathafen zu finden, einen Ort der Stabilität, von dem aus Sie lernen können, Ihre Fähigkeit des Annehmens zu vergrößern und jeden Ausdruck Ihrer eigenen Erfahrung ganz innig und ohne zu reagieren zu beobachten. Dies wird Sie zum zweiten Schritt der kondensierten Methode führen: von Shamatha, der ruhigen Sammlung, zu Vipassana, der Einsichtsmeditation. Können Sie lernen, zu schauen und zu lauschen und von dem, was Sie sehen und hören, zu lernen?

• • • • •

Frage: Ich kann nicht herausfinden, welches die beste Technik der Atembewusstheit ist. Einige meiner Lehrer legen uns nahe, uns für einen Ort zu entscheiden, aber Sie verlangen von uns, auf Atemempfindungen im gesamten Körper zu achten. Ich bin verwirrt.

Antwort: Ja, wenn man mit mehreren Lehrern arbeitet, führt das leicht zu Verwirrung. Es ist gut möglich, dass wir Dharma-Lehrer uns auf unsere bestimmte Methode versteifen und sie mit sehr viel Nachdruck vertreten. In den frühen Tagen meiner Praxis betonten unterschiedliche Lehrer der Atembewusstheit mal die Nasenlöcher, mal die Oberlippe unterhalb der Nasenlöcher, mal den Bauch, mal die Brust und mal den ganzen Körper. Manche forderten uns dazu auf, den Atem seinen eigenen Rhythmus annehmen zu lassen; manche sagten, wir sollten die Atmung sanft kontrollieren, um den Prozess angenehmer zu machen. Die meisten bezogen Einatmung und Ausatmung ein, manche betonten bloß die Ausatmung. Alle vertraten das, was sie bevorzugten, sehr überzeugend.

Was also tun? Solange ich mit einem bestimmten Lehrer arbeitete, übte ich den jeweiligen Ansatz so gut wie möglich, und meine Schlussfolgerung war – sie waren alle richtig! Jede Methode erwies sich als wertvoll.

Solange Sie eine bestimmte Methode praktizieren, kann es hilfreich sein zu glauben, dass Ihre Technik – oder Ihr Lehrer oder Ihre Linie oder Ihr Meditationszentrum – die beste ist. Sie können sich glücklich schätzen, denn dies mobilisiert Energie und inspiriert oft zu einer starken Praxis. Doch wenn Sie auf dem Pfad heranwachsen, wird mehr Einfallsreichtum notwendig. Sie müssen beginnen, sich auf sich selbst zu verlassen, und müssen herausfinden, was Sie von Moment zu Moment brauchen. Hüten Sie sich nur davor, zwanghaft mal dieses, mal jenes auszuprobieren, was auf einen ruhelosen Geist und seine Ablehnung einer durchgängigen Bemühung zurückzuführen ist.

Wenn die Lehren und der Lehrer zusammenkommen, dann können Sie sich tatsächlich glücklich schätzen. Und denken Sie auch daran: Ganz gleich, wo der Atem in diesem Moment am lebendigsten ist – im Bauch, in der Nase oder in der Brust –, das wird sich ändern, weil auch hier das Gesetz der Vergänglichkeit gilt. Wenn Sie sich für einen Bereich statt für die Ganzkörper-Atmung entscheiden, gut so. Machen Sie damit weiter.

Meiner Meinung nach müssen die Herangehensweisen an Achtsamkeit und Sammlung unserer einzigartigen Charakterstruktur und Veranlagung angepasst werden. Dasselbe gilt für alle Ihre Meditationsübungen: Wählen Sie die Methode aus, die Ihnen hilft, vom Greifen und Festhalten abzulassen. Tut sie das, wirkt sie im Dienst des Dharma. Sie können Ihre Methode von einem wenig bekannten Lehrer erlernen, der niemals ein Buch geschrieben hat oder auf einer buddhistischen Konferenz aufgetreten ist. Finden Sie heraus, was für Sie das Beste ist, und machen Sie sich keine Gedanken darüber, was für die Person nützlich ist, die neben Ihnen sitzt. Diese Selbsterforschung verlangt Geduld und Ehrlichkeit. Wenn Sie derart praktizieren, ist das bereits Übung und nicht Zeitverschwendung.

• • • • •

F: Ich habe mich so sehr auf die Empfindungen in verschiedenen Teilen meines Körpers konzentriert, dass ich nicht mehr sicher war, ob ich geatmet habe oder nicht. Das war sehr verwirrend.

A: Ich verstehe. Offensichtlich ist der Geist in alles involviert, was Sie tun. Der Atem ist einfach nur der Atem, und der menschliche Geist erfindet etwas, von dem er glaubt, dass es abläuft; er erfindet eine Geschichte, er interpretiert und fabriziert „verwirrend". Die Schlüsselfrage ist: Haben Sie den Kontakt zum Sitzen und Atmen verloren? Denn wenn Sie abschweifen, und sei es an einen sehr interessanten Ort, ist das eine Ablenkung. Sie üben nicht länger diese bestimmte Praxis, die die Ganzkörper-Atmung betont.

• • • • •

F: Ich habe ziemlich feste Vorstellungen von dem, was die Atmung ist und wie die Luftmoleküle sich durch das Zwerchfell bewegen . . .

A: Vielleicht sind Sie ein Wissenschaftler. Ein anderer ist ein Künstler, und er sieht im Geist Pinselstriche. Ein Blumenliebhaber erfährt den Duft des Atems. Das ist alles interessant. Ich verdamme es nicht. Aber jeder Geist wird die Welt konstruieren und interpretieren. Sie werden angewiesen „Vielen Dank" zu sagen und dann zum Atem zurückzukehren, wenn die Fabrikationen des Geistes auftauchen. Ob diese Vorstellungen nun tiefgründig oder trivial sind, sie sind eine Ablenkung. Kämpfen Sie nicht dagegen an und verlieren Sie sich nicht darin. Kehren Sie zur totalen Einfachheit des Sitzens und Atmens und Wissens zurück. Seien Sie sich der rohen Empfindungen bewusst, die auftreten, während die Lunge sich leert und wieder füllt. Der Rest ist etwas Zusätzliches.

• • • • •

F: Ich bemerke, wie enttäuscht ich oft darüber bin, dass ich nicht zum Atem zurückkomme – besonders wenn ich vorher gehört habe, dass ich dies tun soll. Arbeite ich zu hart? Sollte ich versuchen, den Inhalt meines Geistes zu überprüfen?

A: Die meisten Menschen kennen diese Enttäuschung sehr gut, wenn Sie die Anleitung bekommen haben, dem Atem zu folgen. Ein Ansatz wäre zu bemerken, dass es in Ihrem Geist einen Ehrgeiz gibt: Versuchen Sie etwa, irgendwohin zu gelangen? Vielleicht wollen Sie äußerst ruhig oder hochkonzentriert auf den Atem sein. Sobald Sie diesen Zustand des Wünschens erzeugen, legen Sie das Fundament für das, was der Buddha *Dukkha* oder Leiden genannt hat. Sie messen sich selbst an einem Ziel, und weil Sie es nicht erreicht haben, beurteilen Sie sich selbst. Dies erzeugt das Geistesgift der Feindseligkeit sich selbst gegenüber oder gegenüber jemand anderem. Wir alle können uns selbst zu einem Schlachtfeld machen.

Diese Dynamik hat zweifellos nicht erst angefangen, als Sie sich auf Ihr Kissen gesetzt haben. In diesem Moment geht es um den Atem, aber es könnte alles mögliche andere betreffen: Sex, Schönheit, Ruhm, iPads. Wenn Sie Vergleiche anstellen, leiden Sie.

Um es anders zu sagen: Seien Sie nicht enttäuscht darüber, dass Sie sich enttäuscht fühlen. Sehen Sie es einfach! Bewusstheit ist niemals enttäuscht – sie sieht einfach. Wenn Sie beobachten, sind Sie nicht identifiziert; wenn Sie identifiziert sind, dann beobachten Sie nicht. Was geschieht im Licht der Bewusstheit mit der Enttäuschung?

Wenn Sie das Funktionieren des Geistes erforschen, dann üben Sie Vipassana. Für manche Menschen ist es besser, damit und nicht mit Samadhi zu beginnen. Vielleicht trifft das auf Sie zu. Vielleicht werden Sie ruhig, indem Sie viele Objekte kommen und gehen sehen, statt sich nur auf eines von ihnen zu konzentrieren. An einem bestimmten Punkt fühlen Sie sich womöglich ruhig genug, um wieder den klassischen Samadhi mit dem Atem üben zu können.

Ganz gleich, welchen Ansatz Sie verwenden, wenn Sie das Leiden sehen, das aus dem Vergleichen entsteht, haben Sie die Chance, Weisheit zu entwickeln. Sie erkennen, dass Ihr Geist ein Ziel fabriziert und es dann nicht erreicht hat. Die Anweisung lautet, einfach zu atmen und das zu wissen. Das ist es. Es hört sich simpel an, aber anfangs ist es womöglich nicht leicht.

• • • • •

F: Ich habe bemerkt, dass mein Atem nicht natürlich zu fließen scheint, selbst wenn ich meditiere. Ich kontrolliere ihn. Dann versuche ich, ihn nicht zu kontrollieren, und das führt zu Beklommenheit in meinem Körper. Zu versuchen, ruhig zu bleiben, scheint manchmal viel zu stressig zu sein.

A: Sie hören jemanden wie mich sagen: „Lassen Sie den Atem einfach natürlich fließen", und das hört sich wunderbar an. Dann kommen „Sie" plötzlich ins Spiel. Das passiert den meisten von uns. Das Ego mischt sich ein und erzeugt ein Melodrama. Es beschließt, dass das natürliche Atmen einen „Geldwert" besitzt. Es will dafür gelobt werden. „Wenn es mich nicht gäbe", sagt es, „würdest du nicht atmen. Wir werden zusammen Erleuchtung finden."

Was also tun? Wenn Sie versuchen, den Atem nicht zu kontrollieren, ist das nur noch mehr Kontrolle. Sie kämpfen mit sich, und das ist ermüdend. Aber denken Sie daran, dieser Ansatz ist total einfach. Wie Sie mich schon viele Male haben sagen hören – doch es lohnt sich, das zu wiederholen –, erfahren Sie dann bloß die Kontrollwut des Geistes. Sie kämpfen nicht dagegen an oder versuchen, diese auszuräumen. Wenn Sie sehen, dass der Geist die Atmung ausdehnen oder einschränken möchte, dann beruhigt es den Atem allein schon, wenn Sie das bloß sehen.

Aber nehmen wir einmal an, dass Sie diesen Moment der Achtsamkeit verpassen und plötzlich verunsichert werden, oder dass meine Worte Sie verunsichern. Wir werden dies im nächsten Abschnitt dieser Lehren näher betrachten, wenn wir mit dem Atem und allen Ausdrucksformen des Geist-Körper-Prozesses praktizieren. Für den Moment denken Sie daran, dass der Atem dann ruhig wird, wenn Sie sich seiner bewusst werden. Das geschieht einfach, solange Sie nicht mehr Material hinzufügen. Indem die Atembewusstheit sich entwickelt, entspannt sich der Körper ganz allmählich. Die Ruhe ist ein Nebenprodukt der Atembewusstheit.

• • • • •

F: Wenn mein Geist langsamer wird und sich beruhigt, beginne ich oft in den Schlaf abzudriften. Sobald das passiert, bringe ich mich wieder zur Atembewusstheit zurück. Ist das ein Teil guter Praxis?

A: Ja, Sie haben das Richtige getan. Sie waren bewusst, und dann sind Sie abgedriftet. Aber das ist vorbei. Sobald Sie sich dieser Unbewusstheit bewusst werden, sind Sie wieder auf Kurs. Eine Bedeutung von Achtsamkeit ist, dass Sie sich daran erinnern, sich dem Objekt Ihrer Aufmerksamkeit zuzuwenden. In diesem Fall ist es die Ganzkörper-Atmung. Aus diesem Grund nennen wir dies eine Übung: Es braucht Geduld, Beharrlichkeit und ein echtes Interesse. Sie wachen auf, Sie schlafen ein, Sie wachen auf, Sie schlafen ein. Jeder schreitet in seinem eigenen Tempo voran. Wie ich bereits gesagt habe, sind diejenigen, die sich nicht entmutigen lassen, auch diejenigen, die von ihrer Praxis profitieren. Wie immer ist die Anweisung einfach: Fangen Sie neu an.

Denken Sie auch daran, dass viele von Ihnen sehr stark darauf konditioniert sind, dass Entspannung die Wachheit beeinträchtigt und dass Wachheit von Spannung begleitet ist. Allmählich lernen Sie, dass auch ein entspannter Geist außerordentlich wach sein kann.

• • • • •

F: Man hat mich gelehrt, die feinen Empfindungen an den Nasen-löchern zu beobachten. Die Ganzkörper-Atembewusstheit läuft auf eine viel offenere Bewusstheit des Atmens hinaus, aber ich bemerke, dass ich immer noch stark die Empfindungen beobachte, die in den Nasenlöchern entstehen.

A: Hier ist ein Vorschlag. Wenn Sie eine neue Fertigkeit erlernen, insbesondere eine, die einer Fertigkeit ähnelt, welche Sie in der Vergangenheit angewendet haben, dann sehen Sie sich Hürden gegenüber. Das Bewusstsein ist womöglich sehr stark von früheren Methoden konditioniert. Bitte denken Sie daran, dass ich Ihnen diese neue Vorgehensweise nicht aufdrängen will. Ich schlage vielmehr vor, dass Sie sich ihr für einen begrenzten Zeitraum überlassen.

Machen Sie einen Versuch mit der Ganzkörper-Atembewusstheit. Vielleicht gefällt sie Ihnen, vielleicht auch nicht. In der Vergangenheit haben Sie sich in den Nasenlöchern eingerichtet, und dort ist der Atem am deutlichsten. Ihr Geist hat gesagt: „Es gefällt mir hier", und Sie sind dort eingezogen. Wenn Sie sich entschließen, diese frühere Technik vorzuziehen, dann erwarten die Nasenlöcher glücklich Ihre Heimkehr.

• • • • •

F: Indem ich mich dort „einrichte", konzentriere ich mich tief auf eine bestimmte Atemempfindung und beobachte ihre wandelbare Natur. Aber ich sehe auch den Vorteil der Ganzkörper-Bewusstheit und be-merke, dass ich zwischen den beiden Ansätzen hin und her gehe. Was würden Sie vorschlagen?

A: Sie haben erwähnt, dass Sie die sich verändernde Natur des Atems beobachten. Das bringt uns zur vierten Grundlage der Achtsamkeit: Einsicht in die Vergänglichkeit aller Formen. Sie können dies beobachten, während Sie sehen, wie der Atem auftaucht, existiert und verschwindet. Sie können jedes Objekt benutzen, um etwas über *Anicca* oder Vergänglichkeit zu lernen. Das ist eine hervorragende Übung – nur ist es nicht das, was wir eben jetzt betonen. Können Sie auf eine vollständigere Antwort warten, die kommen wird, wenn wir die zweite Kontemplation aufgreifen?

Ich weiß, dass viele von Ihnen auf unterschiedliche Weise mit dem Atem gearbeitet haben. Alle sechzehn Kontemplationen sind wichtig. In der gesamten Literatur sind jedoch alle Autoren sich einig, dass die folgende Kontemplation besonders wichtig ist: „Empfindsam für den ganzen Körper, atmet der Yogi ein. Empfindsam für den ganzen Körper, atmet der Yogi aus." Allerdings gibt es keinen Konsens darüber, was genau diese Worte bedeuten. Ajahn Buddhadasa, mein eigener Lehrer, hat sie so interpretiert, dass sie sich nur auf die Nasenlöcher beziehen. Als ich ihm sagte, dass dieses Verständnis mir nicht sinnvoll erschiene, lachte er. Das kümmerte ihn nicht, und auch mich kümmert es nicht.

Wenn Sie feststellen, dass die Empfindung des Atems an den Nasenlöchern Ihnen hilft, ruhig und gesammelt zu werden, und wenn Sie dieses neumodische Zeug nicht ausprobieren wollen, ist das in Ordnung. Ich bin für alles, was funktioniert. Ich möchte jedoch, dass Sie verstehen, welche Vorteile die Ganzkörper-Atembewusstheit hat – und das können Sie nur herausfinden, wenn Sie diesen Ansatz praktizieren. Deshalb wiederhole ich noch einmal: Statt die Macht eines sehr konzentrierten Geistes zu betonen, betont dieser Ansatz die Bewusstheit sich verändernder Felder.

• • • • •

F: Es gibt da einen Neurowissenschaftler, der über Zen und die Plastizität des Gehirns schreibt. Er empfiehlt die Atembewusstheit nicht für Menschen, die – so wie ich – dazu neigen, stark in ihrem Kopf zu sein, denn sie sei eine Methode, die die Gehirnnerven stimuliere. Stimmen Sie dem zu?

A: Es mag Sie interessieren zu hören, dass die alten Texte genau das Gegenteil behaupten: Weil der Atem keinen Inhalt hat, füttert er den Intellekt nicht. Aber vergessen Sie die Alten, vergessen Sie Neurowissenschaftler, und vergessen Sie mich. Denken Sie nur daran, dass dieser Stil des Lehrens kein rigides System ist. Ich betone Flexibilität.

Nachdem Sie es einmal wirklich mit der Ganzkörper-Atembewusstheit versucht haben, mögen Sie bemerken, dass sie das Denken zu sehr stimuliert. Na gut. Manche Yogis, die zu viel über das natürliche Atmen nachdenken, möchten die formellere Methode des Atmens, die im *Anapanasati Sutta* gelehrt wird, nicht aufgeben. Sollte das bei Ihnen der Fall sein, können Sie dem Atem einige Gedanken geben, auf denen er herumkauen kann (zum Beispiel das Zählen oder die Verwendung der Wörter „ein" und „aus") – als Übergang zum schnörkellosen achtsamen Atmen.

Indem Sie unterschiedliche Methoden und Lehrer erleben, werden Sie mit der Zeit herausfinden, welcher Ansatz für Sie der fruchtbarste ist. Das muss keine Frage von Methode X kontra Methode Y sein. Die grundlegende Anleitung lautet, einfach Sie selbst zu sein, genau hier und jetzt, sitzend, atmend und lernend.

Gehmeditation und die vier Körperhaltungen

Welche Körperhaltung Sie benutzen, bleibt Ihnen überlassen, aber bleiben Sie unablässig auf den Atem fokussiert. Wenn Ihre Aufmerksamkeit aussetzt, bringen Sie sie zu dem Wissen um den Atem zurück. Was immer Sie auch zu einem bestimmten Zeitpunkt tun mögen, beobachten Sie den Atem bei jedem Ein- und Ausatmen – dann werden Sie gleichzeitig mit der Atembewusstheit Achtsamkeit und Wachheit, die volle Selbst-Bewusstheit des Körpers, entwickeln.

UPASIKA KEE NANAYON, *Pure and Simple*

Seit der Zeit Buddhas hat man wechselweise die sitzende und dann wieder die gehende Körperhaltung als die wirksamste Form für die formelle Meditationspraxis favorisiert. Bisher habe ich nur von der sitzenden Haltung gesprochen. Lassen Sie uns den Rahmen jetzt ausdehnen und auch die Gehmeditation einschließen und ebenso die Körperhaltungen des Stehens und des Liegens. Ich werde mich weiter auf den Ansatz der Ganzkörper-Atembewusstheit konzentrieren; denken Sie jedoch daran, dass die Richtlinien, denen Sie für das Sitzen folgen, auch für Ihre Gehmeditation gültig sind, wenn Sie dann zu den anderen beiden Phasen weitergehen: zum Atem als Anker und zur Wahlfreien Bewusstheit.

Ich bin mir ziemlich sicher, dass die meisten von Ihnen, die das Wort „Gehmeditation" hören, instinktiv einen Menschen oder eine Gruppe von Menschen vor sich sehen, die schweigend im Schneckentempo voranschreitet. Sollten Sie dieses Bild vor Augen haben, so gibt es gute Gründe dafür. Als Vipassana in den 1970er-Jahren zuerst in den Westen kam, wurde es in zwei Formen praktiziert; die eine kam aus Thailand und die andere aus Burma. Der Ansatz von Mahasi Sayadaw aus Burma war anfänglich der populärere, und er enthielt Arten der Gehmeditation, die alle sehr langsame Bewegungen betonten. Die Hauptanleitungen bestanden darin, dass man den Körper sehr langsam und achtsam bewegen solle, begleitet von mentalen Bezeichnungen wie „anheben, bewegen, absetzen".

Eine derart langsame, sorgfältige Bewegung ist eine unschätzbar wertvolle Methode, und sie ist dazu geeignet, hochkonzentriertes und präzises Sehen zu entwickeln. Als Ergebnis davon sind die meisten Praktizierenden zu der Überzeugung gelangt, dass Gehmeditation aus langsamen, kleinen Schritten besteht. Von alters her und bis zum heutigen Tag wurde und wird „langsam" stillschweigend mit „spirituell" gleichgesetzt. Dagegen gilt ein schnelles oder sogar natürliches Tempo als „weltlich". Wenn im Lauf eines typischen Tages jeder in einem natürlichen Tempo geht, wie könnte dann eine so gewöhnliche und vertraute Bewegung spirituell sein? Nur eine absichtlich gewollte Langsamkeit, die sich auffällig von unserem normalen Schritttempo unterscheidet, kann man als besonders echte Meditationsübung bezeichnen.

Stimmt das?

Als ich mich in Korea in einer dreimonatigen Zen-Klausur befand, saßen wir gelegentlich 50 Minuten lang, und dann schlug jemand die Klanghölzer an. Wenn wir hörten, wie die beiden Holzstücke zusammengeschlagen wurden, erhoben wir uns sofort und rannten 10 Minuten lang achtsam. Wenn die Klanghölzer wieder erklangen, wurde die Sitzmeditation wieder aufgenommen. So wurde für unterschiedliche Zeitspannen zwischen Sitzen und schneller Bewegung abgewechselt.

In Thailand gehen Meditierende oft achtsam und in natürlichem Tempo einen Pfad von etwa 20 oder 30 Schritten Länge hin und her, und sie rezitieren dabei ein Mantra wie „Buddho" („Erwache!") oder kontemplieren ein Thema wie etwa das Bewusstsein des Todes. Als Ajahn Chah, der bekannte thailändische Meditationsmeister, die *Insight Meditation Society* in Barre, Massachusetts, besuchte und zum ersten Mal eine größere Menge von im Retreat befindlichen Menschen sah, die sehr langsam gingen, hielt er einige der Yogis an und sagte, sehr mitfühlend, aber auch mit einem verschmitzten, neckischen Gesichtsausdruck: „Ich hoffe, Sie werden Ihre Krankheit bald überwinden und wieder nach Hause gehen können."

Eine weitere Variante, die ich lernte, als ich im Waldkloster von Ajahn Maha Boowa im Nordosten von Thailand praktizierte, bestand darin, beim Gehen meine rechte Hand vor dem Körper über die linke Hand zu legen, statt die Arme baumeln zu lassen oder sie hinter meinem Rücken zu halten. Dies war ein guter Rat, denn diese Geste betont die klare Entschlossenheit, den Geist auf das Gehen zu fokussieren.

Wenn ich jedoch die Gehmeditation lehre, ermutige ich die natürliche Armbewegung der neben dem Körper schwingenden Arme, genauso wie Sie das bei einem gewöhnlichen Spaziergang machen würden. Warum wohl? Weil ich es für wesentlich halte, die Botschaft zu übermitteln, dass ein gewöhnlicher Spaziergang eine wunderbare Dharma-Übung sein kann, wenn er von sensibler Wachheit begleitet ist. Dies alles ist Teil eines herausfordernden Programms, das der Übung jedes Yogis dazu verhelfen soll, von einer Idee und einer Technik zu einer echten Lebensweise zu werden.

Vermögen Sie zu sehen, dass langsam einfach nur langsam, natürlich einfach nur natürlich ist? Und sogar schnell einfach nur schnell? Es ist eine die Bewegung begleitende Qualität der Bewusstheit, die das Gehen in *jeder* Geschwindigkeit zu einer Dharma-Praxis machen kann. Fragen Sie sich selbst: Ist der beobachtende Geist präsent, während der Körper von hier nach dort geht?

Wenn Sie in einem natürlichen Tempo gehen, sei es nun in der Meditationshalle oder zu Hause, dann weiten Sie das, was Sie auf Ihrem Kissen oder Stuhl tun, in die Bewegung hinein aus. Die Anleitungen bleiben dieselben: Sie sind im ganzen Körper mit Bewusstheit präsent, so gut es Ihnen möglich ist, und Sie fühlen die Atemempfindungen, wo auch immer Sie diese fühlen. Auch hierbei üben Sie die Kunst des Zulassens. Der Körper ist entspannt und der Atem fließt natürlich – Sie empfangen ihn, wo auch immer er seine Präsenz erkennen lässt. Wenn Sie diese relativ einfache Praxis des Gehens in einem natürlichen Tempo und mit voller Aufmerksamkeit erlernen, so ist das ein Vorgeschmack auf die zahllosen Möglichkeiten, wie die Übung der Achtsamkeit in jeden Aspekt des Lebens eingebracht werden kann.

Während eines Retreats ermuntere ich die Yogis dazu, in gewöhnlichem Tempo zu gehen, vielleicht ein wenig flotter als zu Hause oder auf der Straße. Das ist ganz bestimmt kein langsamer Gang. Es geht darum, einfach nur zu gehen, was sich leicht anhören mag. Was könnte wohl eine so einfache und mühelose Bewegung einschränken? Typischerweise drängen sich natürlich Gedanken und Emotionen ins Bild und trennen Sie von der Intimität mit Ihrer direkten Erfahrung des atmenden Körpers in Bewegung ab. Ebenso wie im Sitzen ist der Geist auch hier zügellos. Er ist nicht von Zeit oder Raum eingeschränkt, er ist schamlos und wird tun, was immer er will.

Für einen äußeren Beobachter bieten Sie womöglich ein wunderbares Bild einer Person, die völlig aufmerksam zu sein scheint, während sie sich bewegt. Aber ich möchte wetten, dass Ihr Geist sich, während Sie in der Meditationshalle umhergehen, mit allen möglichen Gedanken und Plänen bemerkbar macht. Vielleicht fragen Sie sich, was es zum Mittagessen geben wird oder welchen Telefonanruf Sie vergessen haben.

Wenn das geschieht, besteht Ihre Übung einfach darin, immer wieder zurückzukommen und sich voll und ganz auf die Aktivität des achtsamen Gehens einzulassen. Die Atemempfindungen können oft sehr subtil werden und der Geist muss immer mehr verfeinert werden, damit Sie nicht abdriften und sich in Gedanken und Emotionen verstricken. Wenn das passiert, dann sehen Sie, wie der Geist sich von der Aktivität des Gehens abtrennt und anderswohin geht. Fangen Sie nicht an zu kämpfen. Sie führen keinen Krieg gegen das Denken oder gegen irgendwelche Fabrikationen des Geistes.

Allein dadurch, dass Sie sehen, wie Sie nicht völlig präsent sind, korrigiert das Sehen dies gewöhnlich. Dann sind Sie wieder völlig in der Bewegung Ihres Körpers präsent. Ebenso wie beim Sitzen lässt sich diese Intimität nicht erzwingen. Sie stellt sich dadurch ein, dass wir ihr Nichtvorhandensein erkennen. Helfen Sie dem Geist einfach nur ganz sanft, immer und immer wieder in den atmenden Körper und die Bewegung einzutreten.

Wenn Sie diese Form der Meditation in einer Gruppe üben, dann brauchen Sie ein wenig Energie, um auf die Person vor Ihnen zu achten. Doch davon abgesehen ist Ihre Aufmerksamkeit innerlich genauso, als gingen Sie allein. Dies ist keine Zeit, plötzlich zu einem Innenarchitekten zu werden, der von der Gestaltung der Meditationshalle fasziniert ist, oder auch ein Modeschöpfer, der sich für die Kleidung der anderen Meditierenden interessiert, oder ein Botaniker, der auf die Farne und Pflanzen um sich herum achtet.

Wie bei allen Formen der Übung ist das Wachbleiben der Schlüssel. Die Bewusstheit wird nie auf eine bestimmte Zeit, einen bestimmten Ort oder eine bestimmte Körperhaltung beschränkt und ebenso wenig der Atem. Wo immer Sie sich auch befinden, ist der Atem präsent. Wenn Sie nicht atmen, sind Sie tot. Achtsamkeit, das Atmen und die Bewegung geschehen gleichzeitig. Vermögen Sie einfach und wach genug zu sein, um dieses einheitliche Geschehen so zu kennen, wie es ist?

Wenn Sie sich des Körpers immer mehr bewusst werden, dankt Ihnen der Körper das. Ihre Verbundenheit mit dem Körper nimmt zu, sodass Geist und Körper eins sind, statt dass der Geist in die eine und der Körper in die andere Richtung geht. Ich habe bemerkt, dass es für meinen Geist im täglichen Leben ganz natürlich geworden ist, beim Gehen wach und sich der Bewegungen des Körpers bewusst zu sein – selbst wenn ich mich gleichzeitig mit einem Freund unterhalte oder zu einer Bushaltestelle eile. Ich mache die gleiche Erfahrung, wenn ich in einer natürlichen Umgebung gehe, wie etwa im Wald oder auf einer Landstraße. Tatsächlich gefällt dem Körper die Intimität mit dieser Aktivität. Dies ist eine gesunde, vernünftige Weise zu leben. Sie sind lebendiger, wenn Körper und Atem von der Energie der Bewusstheit durchdrungen sind.

Natürlich hat jede Methode der Gehmeditation ihre Vorteile und ihre Grenzen. Eine wertvolle Übung des langsamen Gehens, die ich im Soto-Zen gelernt habe, besteht darin, den Fuß beim Einatmen zu heben und beim Ausatmen zu senken. Die Atembewusstheit bleibt dann mit dem Gehen synchronisiert. Diese präzise und bewusste Bewegung verbessert, ebenso wie andere Techniken des langsamen Gehens, die Konzentration und kann besonders nützlich sein, wenn der Geist ruhelos oder überaktiv ist. Aber sie lässt sich nicht gut ins tägliche Leben übertragen. Sollten Sie Zweifel daran haben, dann versuchen Sie einmal, dieses langsame Gehen auf der Straße oder an Ihrem Arbeitsplatz zu praktizieren. Es könnte sein, dass man Sie dann auf eine Polizeiwache oder in eine psychiatrische Klinik bringt. Die Stärke des natürlichen Gehens ist dagegen seine Einfachheit und Natürlichkeit. Da Sie bei Ihren natürlichen Routineabläufen drinnen und draußen gehen, ist dies eine Form, die sich leicht in das Leben außerhalb der Meditationshalle übertragen lässt.

Vor einigen Jahren lernte ich eine einfache und äußerst nützliche Übung bei Ajahn Mum, einem Meditationsmeister aus Kambodscha. Er war, gelinde gesagt, ein sehr uriger Lehrer. Als ich ihm das erste Mal begegnete, fragte ich ihn, ob er ein Waldmönch sei – „Wald" ist oft ein Codewort für einen echten Meditierenden im Gegensatz zu einem Gelehrten oder jemandem, der sich hauptsächlich mit Riten und Ritualen beschäftigt. Er sah mich sehr intensiv an, wohl wissend, worum es mir ging, streckte mir seine Beine entgegen, sodass ich seine Fußsohlen sehen konnte, und sagte: „Alle Wälder von Thailand und Kambodscha sind diesen Füßen eingeprägt." Wir lachten beide und arbeiteten während der nächsten zwei Jahre harmonisch zusammen.

Zu einem späteren Zeitpunkt fragte ich Ajahn Mum nach einer Übung, die „die Körperhaltungen ausgleichen" genannt wird. Ich hatte irrtümlich geglaubt, dies sei eine Übung, den vier Körperhaltungen – Sitzen, Gehen, Liegen und Stehen – die gleiche Übungsdauer zu widmen. Zuerst lachte er und dann lehrte er mich die Essenz dieser Herangehensweise an die Achtsamkeit: Er schlug mir vor, mich einen ganzen Tag lang zurückzuziehen und dabei jede der Körperhaltungen zu üben. Statt ihnen jedoch eine festgelegte Zeit zu widmen, sollte ich intuitiv arbeiten.

Ich folgte seinen Anleitungen, und diese Übung war wunderbar. Die jeweils aufgewendete Zeit richtete sich nicht nach der Uhr, sondern nach mir. Dies bedeutete, dass ich in einer bestimmten Körperhaltung, etwa dem Sitzen, für eine Stunde verweilen konnte. Dann ging ich 10 Minuten lang, stand 25 Minuten lang und legte mich 15 Minuten lang hin. Einen ganzen Tag und Abend fuhr ich mit dieser Übung fort, wobei ich mir nur für das Essen und die Gänge zur Toilette Zeit nahm. Innerhalb der Zyklen der einzelnen Körperhaltungen variierte ich die Zeitdauer, die ich jeder einzelnen Haltung widmete.

Warum ging ich von einer Körperhaltung zur anderen über? Ich kam nicht umhin, meine Absichten und Motivationen zu erkennen. War ich geschickt? War ich faul? Versuchte ich, einer schmerzlichen Emotion zu entgehen, die gerade auftauchen wollte? Mir wurde klar, dass Achtsamkeit unabhängig ist von Körperhaltung, Zeit, Situation oder Ort. Sie war *immer* zugänglich. Jederzeit. Wie befreiend!

Die Lehre von Ajahn Mum vertiefte mein Verständnis der Atembewusstheit im Dienst des Aufwachens zu jedem Aspekt des Lebendigseins sehr stark. Sie hat es mir und vielen anderen möglich gemacht zu erkennen, dass Meditation eine Lebensweise sein kann und nicht bloß eine Sammlung von Techniken ist, die speziellen Körperhaltungen und Orten, die als „spirituell" bezeichnet werden, vorbehalten ist.

Was tun Sie bei jeder der Körperhaltungen? Für den Augenblick praktizieren Sie mit der Ganzkörper-Atembewusstheit. Später üben Sie die Haltungen mit dem Atem als Anker und der Wahlfreien Bewusstheit. Während Ihre Übung heranreift, ist Ihre Herangehensweise fließend: Manchmal benutzen Sie den Atem, um stabil und ruhig zu werden, manchmal lassen Sie den Atem ganz fallen, während Sie in Ihrem eigenen Tempo durch jede der vier Körperhaltungen gehen.

Ich schlage vor, dass Sie im Stehen die Augen schließen. Bei einigen von Ihnen mag das zu ein wenig Wackeligkeit oder sogar Ängstlichkeit führen; deshalb experimentieren Sie, bis Sie Ihre

Beine so stellen und das Körpergewicht so verteilen können, dass Sie im Gleichgewicht bleiben. Das wird Ihnen helfen, eine Haltung einzunehmen, die sich stabil und ausgeglichen anfühlt. Gleichzeitig vergessen Sie nicht, dass der Atem Ihnen stets als Freund und Anker zur Verfügung steht. In der liegenden Haltung bemerken Sie anfangs womöglich eine starke Neigung einzuschlafen. Mit einiger Übung wird der Körper lernen, in dieser Haltung völlig entspannt zu sein, während der Geist hellwach bleibt.

Als ein Ergebnis der Selbsterforschung bemerken Sie möglicherweise, dass manche Haltungen fruchtbarer sind als andere. Einige von Ihnen bevorzugen eher das Sitzen, darum werden sie, während sie zwischen den Haltungen abwechseln, besonders lange sitzen. Andere finden womöglich das Gehen vorteilhafter. Alle Haltungen spielen eine Rolle, aber welchen Beitrag sie zu leisten haben spiegelt Ihre individuelle Natur wider. Und natürlich wird sich mit der Zeit verändern, welche Haltung Sie bevorzugen.

Liebe Yogis, nehmen Sie sich gelegentlich einen Vormittag Zeit und wechseln Sie intuitiv zwischen den vier Körperhaltungen ab, wobei Sie die Ganzkörper-Atembewusstheit (und später den Atem als Anker und die Wahlfreie Bewusstheit) anwenden. Wenn Sie abgelenkt werden, kommen Sie einfach immer wieder zum Atem zurück. Dies ist eine formlose und unsichtbare Übung, die nicht von einem bestimmten Ort abhängig ist. Ich hoffe, dass diese profunde Entdeckung, die mir und so vielen anderen Yogis sehr viel bedeutet hat, Ihnen bei der Umwandlung eines stark konditionierten und unhinterfragten Lebens in ein voll erwachtes Leben helfen wird. Denken Sie daran: „Buddha" bezeichnet jemanden, der vollkommen wach, lebendig und frei ist. Und stellen Sie sich vor: Ein einfacher, gewöhnlicher Spaziergang kann Sie aufwecken!

2. Der Atem als Anker

In der buddhistischen Meditation basiert die tiefe Schau auf Nichtdualität. Deshalb sehen wir (zum Beispiel) Zorn nicht als einen Feind, der uns überrennt. ... Dank dieses Ansatzes müssen wir nicht länger gegen unseren Zorn angehen, ihn austreiben oder zerstören. Wenn wir die tiefe Schau üben, brauchen wir keine Schranken zwischen Gut und Böse in uns selbst zu errichten und uns nicht selbst zu einem Schlachtfeld zu machen. ... Wir richten das Licht unserer Bewusstheit darauf (auf unseren Zorn), indem wir achtsam ein- und ausatmen. Im Licht der Bewusstheit wird unser Zorn allmählich transformiert. ... Die Energie des Zorns lässt sich in eine freundliche Energie transformieren, die uns nährt.

THICH NHAT HANH, *Breathe, You Are Alive*

Im ersten Modus der Ganzkörper-Atembewusstheit achten Sie einzig und allein auf Atemempfindungen. Hat sich Ihr Vermögen, den Atem aufmerksam zu beobachten, stabilisiert, dann kommt es zu einer Intimität mit dem Körper und der Atmung, und das führt zu mehr Ruhe, Klarheit und Frieden. Zuversicht sowie eine Überzeugung von der Wahrheit der Lehren Buddhas beginnen Wurzeln zu schlagen. Der Geist ist jetzt eher dazu tauglich, sich dem zweiten Aspekt der kondensierten Methode zuzuwenden: zu lernen, wie man einsichtsvoll sieht, also der Vipassana-Meditation.

Zu Beginn dieses zweiten Schritts bleibt der Atem ein Anker, eine Stütze. Doch machen Sie einen leichten Anker daraus, nicht einen, an den Sie fest angebunden sind. Wie bei der ersten Kontemplation entspannen Sie sich, während Sie gleichzeitig wach bleiben. Abgesehen vom Atem hat dieser zweite Modus der Offenheit kein Thema – außer dem, was das Leben uns präsentiert.

Denken Sie daran, dass Sie gelernt haben, den Atem natürlich fließen zu lassen, ohne ihm ein Modell, eine Form oder ein Ideal aufzuzwingen. Mit derselben Kunst des Zulassens öffnen Sie sich für Ihr eigenes Leben, Ihre eigene Erfahrung, und Sie beobachten, wie alles sich zeigt. Während Sie sitzen, zeigt sich der gesamte Geist-Körper-Prozess von Atemzug zu Atemzug, und Sie beobachten, wie das alles auftaucht und vergeht, kommt und geht. Sie lernen, die Kunst des Sehens zu verfeinern, eine Kunst, die gleichmütig ist und nicht reagiert – ein klarer Spiegel, der getreu das widerspiegelt, was vor ihn gestellt wird.

Können Sie lernen, alles zu empfangen, was auftaucht, sei es der Wunsch, Ihre Haltung zu verändern, eine Erinnerung an einen heftigen Streit mit Ihrem Partner oder sogar die Stille selbst? Weil Sie daran gewöhnt sind, bestimmte Ziele und Projekte zu verfolgen, werden sich viele von Ihnen nicht damit wohlfühlen, einfach nur mit dem zu sitzen, was auftaucht. Wenn das geschieht, sehen Sie einfach, was da ist: Unbehagen. Haben Sie den Wunsch, der Lehrer möge Ihnen eine bestimmte Anleitung geben, dann sehen Sie dieses Wünschen – nicht die Worte, sondern die Qualität des wünschenden Geistes.

Alle Menschen erfahren dieselben Bewusstseinszustände, die kommen und gehen, kommen und gehen, doch Sie lernen, auf eine bestimmte Weise damit umzugehen: Sie sind dafür präsent, ohne zu urteilen, zu interpretieren oder zu erklären.

Die Anleitungen für den zweiten Modus sind sehr sanft, doch sie sind auch schonungslos. So etwas wie eine Ablenkung gibt es gar nicht, denn alles, was geschieht – das ist *Es*. Genau die Emotionen, die Sie bei Ihrer Sitzmeditation sehen – seien sie nun friedvoll, ängstlich oder voller Zweifel –, stellen Ihnen das perfekte Übungsmaterial zur Verfügung. Was auftaucht, wird von Moment zu Moment etwas anderes sein. Der Atem jedoch bleibt konstant. Selbst wenn eine machtvolle Energie wie etwa Einsamkeit oder

Erregung Sie besucht, bleibt der Atem präsent. Vielleicht ist er still im Hintergrund, *ein-aus, ein-aus,* während Ihre Bewusstheit hauptsächlich mit der Einsamkeit beschäftigt ist oder mit dem, was Ihre Aufmerksamkeit natürlich erregt hat.

Bei dieser Methode machen Sie sich die Konstanz des Atems zunutze. Er ist eine so offensichtliche Tatsache – und doch eine, die die meisten von uns vergessen. Hören Sie, wie der burmesische Mönch Webu Sayadaw einer Gruppe seiner Yogis diese Botschaft vermittelt:

Sayadaw fragte: „Atmen nicht alle von euch aus?"

„Das tun wir, Sir", antworteten sie.

Dann fuhr Sayadaw fort: „Wann beginnt ihr, einzuatmen und auszuatmen?"

„Wenn wir geboren werden, Sir."

„Atmet ihr ein und aus, wenn ihr aufrecht sitzt?"

„Ja, Sir."

„Und wenn ihr geht?"

„Auch dann atmen wir ein und aus, Sir."

„Atmet ihr, wenn ihr esst, trinkt und arbeitet, um euren Lebensunterhalt zu verdienen?"

„Ja, Sir."

„Atmet ihr, wenn ihr schlafen geht?"

„Ja, Sir."

Schließlich fragte Sayadaw: „Gibt es irgendeine Zeit, zu der ihr so beschäftigt seit, dass ihr sagen müsst, ,Tut mir leid, aber ich habe jetzt keine Zeit zu atmen. Ich bin zu beschäftigt'?"

Die Mönche antworteten: „Es gibt niemanden, der leben kann, ohne zu atmen, Sir."*

---

* Aus dem *Kalama Sutta,* Anguttara Nikaya 3.65, aus dem Pali übersetzt von Thanissaro Bhikkhu.

Natürlich ist es eine Binsenweisheit, dass keiner von uns leben kann, ohne zu atmen. Aber können Sie sich diese Binsenweisheit zunutze machen, sodass Sie Ihr kontemplatives Leben unterstützt? Wenn Sie sitzen und den Atem als Anker benutzen, dann gestattet das Ihrer Aufmerksamkeit, rundblickartiger und offener zu sein. Es hilft, Sie wachzuhalten, Ihre Aufmerksamkeit fein abzustimmen, Sie zu beruhigen und unnötiges Denken zu reduzieren. Später werde ich darüber sprechen, dass eine Zeit kommen mag, zu der Ihr kontemplatives Leben den Atem nicht mehr als Anker zu benutzen braucht. Dies ist der dritte Schritt zum Erwachen, ein Ansatz, den ich Wahlfreie Bewusstheit nenne. Jetzt aber, wenn Sie beschließen, den zweiten Schritt zu praktizieren, wird der Atem Ihre Reise zur Weisheit vertiefen und unterstützen.

Diese Kunst des Sitzens mit offener Aufmerksamkeit ist nicht leicht zu erlernen. Sie verlangt von Ihnen, einfach das anzusehen, was da ist. Die meisten von Ihnen haben ihr Leben damit verbracht, *nicht* ansehen zu wollen, was ihnen das Leben präsentiert. Sie hören einen Meditationslehrer sagen: „Dies ist wunderbar. Auf diese Weise erlangen Sie Freiheit." Diese Worte sind inspirierend, doch obwohl Sie bester Absicht sind, zu sitzen und zu üben, zeigt sich, dass Sie sich dieser Methode der Meditation widersetzen.

Wenn Sie in diesem Modus sitzen, werden Sie nicht alle auftauchenden körperlichen und emotionalen Zustände begrüßen, das kann ich Ihnen garantieren. Besonders wenn diese Praxis neu für Sie ist, wehren Sie sich womöglich dagegen, sehr heftige Zustände wie pochende Schmerzen oder Kummer oder Angst direkt anzusehen. Das ist in Ordnung. Sie sitzen auf Ihrem Stuhl, Ihrer Bank oder Ihrem Kissen, gehen zu diesem zweiten Modus über und bemerken, dass Sie damit nicht zurechtkommen. Sie versuchen es, aber der Geist wird trübe und konfliktgeladen. Er analysiert und psychologisiert endlos und denkt über das nach, was auftaucht. Sie drehen sich womöglich im Kreis, verlieren sich ins Denken und sezieren das, was früher am Tag am Arbeitsplatz geschehen ist und was später am Abend geschehen könnte.

Bei anderer Gelegenheit wird das, was im Geist geschieht – vielleicht Erinnerungen oder Emotionen – überwältigend. Da die Qualität Ihrer Aufmerksamkeit vielleicht noch nicht so weit gediehen ist, dass Sie auf nützliche Weise mit diesen mentalen Aktivitäten umgehen kann, werden Sie davon überrollt. Gelegentlich haben Sie das Gefühl, darin zu ertrinken.

In beiden Fällen – ob Sie sich nun ins Denken verstricken oder von Emotionen überwältigt werden – mag es klug sein, zur ausschließlichen Aufmerksamkeit auf den Atem zurückzukehren und die erste Methode, die Ganzkörper-Atembewusstheit, zu praktizieren. Ein Teil der sich entwickelnden meditativen Fertigkeit besteht darin, dass Sie wissen, womit Sie umgehen können und womit nicht. Sollte eine Emotion wie etwa Einsamkeit auftauchen und Sie sind noch nicht bereit, damit umzugehen, dann verneigen Sie sich vor ihr: „Vielen Dank." Aber Sie sollten wissen, was Sie tun. Dies ist keine Leugnung oder Unterdrückung. Mit dieser Reaktion sagen Sie vielmehr: „Au weia. Dies ist eine Flutwelle der Einsamkeit oder des Denkens über Einsamkeit. Ich weiß damit jetzt nicht umzugehen." In einem solchen Moment ist es gut, einfach zum Atem zurückzukehren. *Ein-aus, ein-aus.* Vielleicht beenden Sie die Sitzrunde auf diese Weise.

Gehen Sie in einer solchen Situation zur ersten Methode der Ganzkörper-Bewusstheit zurück, dann brauchen Sie manchmal vielleicht nur wenige Atemzüge, und der Geist beruhigt sich wieder. Dann kehrt er anstandslos zum Feld der freien Aufmerksamkeit zurück und Sie sind, vom Atem begleitet, in der Lage, sich der mentalen und körperlichen Zustände bewusst zu bleiben, während sie auftauchen und vergehen. Aber, wie Sie wissen, können Sie sich bei dieser Praxis nicht auf Ihren Lorbeeren ausruhen. Wenn Sie das nächste Mal sitzen, machen Sie womöglich dieselbe Anzahl von Atemzügen und versinken trotzdem in Erregung oder Gewissensbissen. Leider erklingt keine Alarmglocke und zeigt an: „Du bist noch nicht zu Vipassana bereit." Zu wissen, wann Sie zur ersten Methode zurückkehren sollten, ist ein Aspekt der Selbsterkenntnis. Ich kann Ihnen nur eine grobe Leitlinie geben; wenn

Sie einmal in eine solche Lage kommen, geht es darum, sowohl geschickt als auch pragmatisch zu sein. Selbst wenn Sie am Tag zuvor leicht mit offener Aufmerksamkeit üben konnten, sich dann am nächsten Morgen aber zeigt, dass Ihnen das jetzt nicht möglich ist, dann ist es klug und geschickt, zum ersten Modus der Ganzkörper-Atembewusstheit zurückzukehren.

Hier möchte ich für alle von uns, die sich auf diesem Pfad befinden, nur einige warnende Worte hinzufügen. Manchmal sagen mir Meditierende: „Okay, ich höre, was Sie lehren, aber ich glaube, ich brauche noch zwei oder drei Jahre, bevor ich mir Wut und Einsamkeit und all diese heftigen Emotionen ansehen kann." Doch wenn Sie die Übung der offenen Aufmerksamkeit endlos aufschieben, laufen Sie Gefahr, sie niemals zu entwickeln. Wenn Sie den schmerzlichen Zuständen, die unvermeidlich auftauchen, zu schnell ausweichen, dann kann dies, zum Äußersten getrieben, bedeuten, dass Sie Gewohnheiten oder Muster verstärken, durch die Sie vermeiden, den Geist im gegenwärtigen Moment zu beobachten. Und wenn Sie niemals ansehen, was geschieht, werden Sie sich niemals davon befreien können. Selbst die Konzentration auf den Atem lässt sich als erstklassiger Fluchtweg missbrauchen.

Anders gesagt: Wenn Sie nur die erste Methode der Atembewusstheit benutzen, kann Sie das zeitweilig in einen friedlicheren Zustand bringen. Doch wenn Sie Ihre Übung auf diese Methode beschränken, verändert sich Ihre Lebensqualität nicht wesentlich, weil Sie noch nicht mit der Quelle Ihres Leidens umgehen. Die Übung von Vipassana ist eine Weisheitspraxis, die die Befreiung von der Wurzel des Leidens in der Psyche betont. Zu dieser Ausrottung kommt es durch das getreue Sehen der Dinge – so wie sie sind.

Erinnern Sie sich daran, dass ich bei der ersten Methode die Kunst des Zulassens und Empfangens betont habe? Dabei haben Sie gelernt, den Atem ohne Zwang oder Kontrolle geschehen zu lassen und ganz präsent zu bleiben, um ihn zu empfangen – nicht um nach einem „idealen" Atem zu greifen oder ihm hinterherzulaufen. Durch das Kultivieren dieser Haltung, in der Sie den Atem zugelassen und empfangen haben, haben Sie den Geist auch darauf vorbereitet, geschickter mit weitaus größeren auftauchenden Herausforderungen umzugehen, etwa mit Wut oder Furcht.

Lassen Sie mich zugleich, besonders für Anfänger oder diejenigen von Ihnen, die schwere Zeiten erleben, wiederholen: Wenn Sie es mit einer stark aufgeladenen Emotion oder mit sich endlos wiederholenden Gedanken zu tun bekommen, dann mag es oft notwendig sein, zum ersten Schritt dieses Prozesses, also der ausschließlichen Bewusstheit des Atems, zurückzukehren. Dies ist verständlich. Selbst nach seiner vollen Erleuchtung hat der Buddha sich selbst genügend Zeit für den persönlichen Rückzug genommen, um Achtsamkeit auf den Atem zu praktizieren. Er nannte dies „ein freudiges Verweilen im Hier und Jetzt".

Indem Sie sitzen und atmen, praktizieren Sie die erste der vier Grundlagen der Achtsamkeit, die erste *Satipatthana*: Achtsamkeit des Körpers im Körper. Ich beschreibe diese prägnanter als das Kultivieren von Intimität mit dem Körper und dem Atem, ohne Urteil oder Analyse.

Lassen Sie uns mit der Übung der Ganzkörper-Atembewusstheit jetzt zur zweiten Grundlage der Achtsamkeit kommen, wo die Gefühle oder Empfindungen, auf Pali *Vedanas,* angesehen werden. In dieser Lehre sind die Vedanas nicht gleichbedeutend mit Emotionen; sie sind vielmehr die angenehmen, unangenehmen oder neutralen Empfindungen, die von dem direkten Kontakt durch eine der Sinnespforten hervorgerufen werden. In der Lehre Buddhas gibt es sechs Quellen des Kontakts mit dem sinnlichen Leben oder Fühlen: Sehen, Berühren, Hören, Schmecken, Riechen sowie den Geist, der ebenfalls als Sinnespforte angesehen wird.

In einem Teil der buddhistischen Literatur sind es die Vedanas, die den Lauf der Welt regieren. Wenn etwas angenehm ist, besteht die Neigung, es ergreifen zu wollen, es festzuhalten oder sich zu wünschen, es möge wiederkehren. Dies geschieht, wenn Sie ein Stück von einem Schokoladenkuchen nehmen, den Teller dann wegschieben, weil Sie nicht mehr davon essen wollen, und dann doch nochmal einen weiteren und noch einen weiteren Bissen

DREI SCHRITTE ZUR BEWUSSTHEIT

nehmen. Schließlich haben Sie das ganze Kuchenstück aufgegessen. Dieser Mangel an Bewusstheit der Vedanas treibt Sie oft dazu, zwanghaft nach mehr und immer mehr angenehmen Gefühlen zu suchen. Ihre Reaktion kann ebenso zwanghaft oder mechanisch sein, wenn Sie sich unangenehmer Empfindungen nicht bewusst sind, nur gibt es hier die Tendenz, sich von diesen zu distanzieren oder sie auszulöschen.

Vor einigen Jahren veranstaltete ich ein Retreat in einer ländlichen Umgebung. Vor Ort renovierten Handwerker gerade ein altes Gebäude und erfüllten die Luft mit dem Lärm von Sägen und Hämmern. Die Yogis waren sehr erbost darüber. Viele von ihnen hatten eifrig Geld gespart und ihren Alltag so eingerichtet, dass sie an diesem Retreat teilnehmen konnten. Verständlicherweise wünschten sie sich eine idyllische Atmosphäre mit dem Zirpen von Grillen und Vogelzwitschern. Als immer mehr Beschwerden kamen, fragte ich im Büro nach. Dann sagte ich der Gruppe, dass die Teilnehmer, die nach Hause gehen wollten, ihr Geld zurückbekommen würden. Diejenigen, die blieben, könnten sich entschließen, diese unerwarteten Umstände zur Übung zu benutzen.

Keiner verließ das Retreat. Ich schlug den Yogis vor, auf die unangenehmen Empfindungen zu achten, die beim Hören der Geräusche auftauchten, sowie auf deren Komplizen, den Ärger und die Abneigung. Als sie sorgfältig darauf achteten, begannen viele der Yogis zu sehen, dass die Reaktionen des Geistes auf die Geräusche zwar mit den Geräuschen zu tun hatten, sich aber von diesen abtrennen ließen. Wenn sie mit einem klaren und präzisen Geist hörten, waren die Geräusche einfach *Peng, Kreisch, Bumm*. Glücklicherweise dauerten die Reparaturen nicht lange. Doch die Übung, „beim Hören einfach nur zu hören", hatte während des gesamten Retreats eine tiefe Wirkung auf viele der Teilnehmer.

In der zweiten Grundlage der Achtsamkeit gibt es schließlich noch die neutralen Empfindungen. Wenn Sie diese erfahren, besteht oft die Neigung, einzuschlafen oder den Geist mit Projektionen oder anderen mentalen Fabrikationen auszufüllen. Vielen von Ihnen ist nicht klar, wie viel von Ihrem Leben neutral ist. Sie glauben, dass nichts passiert. Aber es passiert etwas: ein neutrales Gefühl. Überprüfen Sie dies in Ihrem eigenen Leben und sehen Sie, was geschieht, wenn Sie dies bemerken. Neigt der Geist dann dazu, Zeit und Raum mit einer pikanten Phantasie oder mit Plänen oder Sorgen auszufüllen?

Wenn Sie sitzen und achtsam atmen, dann achten Sie auf Ihren ganzen Körper und zugleich auf Empfindungen, die im Augenblick lebhaft oder hervorstechend oder keines von beidem zu sein scheinen. Dann sehen Sie, ob die Empfindungen angenehm, unangenehm oder neutral sind. Überlegen Sie nicht erst lange. Bemerken Sie einfach Ihre offensichtliche anfängliche Reaktion. Bringen Sie Bewusstheit in diesen Bereich des Körpers. Vielleicht sind Sie sich dessen bewusst, dass Ihr rechtes Fußgelenk sich etwas gespannt anfühlt und dies zu einem unangenehmen Gefühl führt. Oder dass Ihre Hände sich entspannt und weich anfühlen und angenehme Empfindungen entstehen. Zu Gefühlen und Empfindungen dieser Art kommt es ständig. Doch nur wenn Sie während der Meditation darauf achten, betreten Sie eine etwas andere Dimension und stimmen sich darauf ein, ob eine Empfindung im Körper angenehm, unangenehm oder neutral ist. Wenn Sie zum Beispiel die Gefühle in Ihrem Fußgelenk oder in Ihren Händen bemerken, könnten diese sich ändern und weniger intensiv werden oder vielleicht auch nicht. Wo auch immer die Empfindung verweilt, Sie wissen, ob Sie angenehm, unangenehm oder neutral ist.

Wenn Sie sich der Vedanas nur schwach oder gar nicht bewusst sind, setzt das womöglich eine Kettenreaktion von Ereignissen in Gang, die zu Verlangen, Abneigung oder Verblendung führen. Darum werden die Vedanas in den Lehren oft als die schwachen Glieder in der Kette der Verursachung bezeichnet. Wenn Sie sich mit einiger Übung eines Gefühls in dem Moment stärker bewusst werden, in dem es auftaucht, dann entschärft diese Bewusstheit die Energie der Vedanas. Die Bewusstheit bricht die zwischen Gefühlen und Abneigung, Verlangen und Verblendung bestehende Verbindung auf, die zu Leiden führt.

Während Ihrer Sitzmeditation gibt es viele Perioden, in denen Sie genau hinsehen und die Bewusstheit dieser Empfindungen oder Gefühle im Atem entwickeln können, also das, was man *Vedana Upasana* nennt. Oft haben das Einatmen und das Ausatmen äußerst unterschiedliche Gefühlsfärbungen, ob sie nun angenehm, unangenehm oder neutral sind. Ich habe bereits darauf hingewiesen, dass allein schon das Präsentsein beim Atem dann, wenn es durchgängiger wird, zu einem Gefühl des Friedens oder sogar der Verzückung führen kann. Die Atemempfindungen können sanft und weich sein und einen warmen Fluss durch Ihren ganzen Körper in Gang setzen: herrlich. Zum Problem wird dies, wenn Sie an diesen Empfindungen haften. Wenn Sie sich auf angenehme Empfindungen im Atem und anderswo im Körper fixieren, dann möchten Sie diese oft zu einem ständigen Wohnsitz machen oder zumindest ihre Lebensdauer ausdehnen. Doch was geschieht, wenn das „Verfallsdatum" erreicht ist und Sie erwarten, in der nächsten Sitzrunde von noch größerem Frieden erfüllt zu sein als in der vorhergegangenen – und Sie dann nicht einmal mehr Ihre Nasenlöcher finden können? Leiden!

Ein andermal mag das Atmen ziemlich unangenehm sein – ein Ringen um den Einatem, ein Ringen um den Ausatem –, sodass der Geist sich weigert, darauf zu achten. Während Sie mit diesem widerspenstigen Atem sitzen, sagen Sie sich selbst: „Ich mag mir das nicht ansehen. Dies ist keine ruhige, freudige Meditationssitzung." Hier wird es zur Herausforderung herauszufinden, ob der Geist selbst inmitten höchst unangenehmer Empfindungen stabil, frisch und klar bleiben kann. Der Atem, den Sie als Anker benutzt haben, ist zum Problem geworden.

Einige Übende meinen, Sie müssten erst eine neue Technik oder Methode erlernen, bevor sie sich dieser Herausforderung stellen können. Doch das ist nicht der Fall. Die Botschaft bleibt dieselbe: Sehen Sie die Abneigung und sehen Sie auch die Abwesenheit von Gleichmut. Sie gelangen zum Gleichmut, indem Sie die Bewusstheit des Atems genauso ansehen, wie sie im Moment ist: nicht-gleichmütig. Dies zu sehen bietet Ihnen die wertvolle

Gelegenheit, zu dem Verständnis zu gelangen, dass der Geist in der Lage ist, sich seiner eigenen Begrenzungen bewusst zu werden. Anders gesagt: Die Bewusstheit sieht, dass sie von Abneigung, Verlangen oder Verblendung eingefärbt wird. Richtiges Sehen entsteht aus Unrichtigkeit. An diesem Punkt sind Sie wieder auf Kurs.

Indem Sie Ihre Bewusstheit stärken, werden Sie zunehmend fähig, das, was geschieht, auf nichtreagierende Weise zu empfangen. Der Geist lernt, klar und fest zu bleiben, selbst angesichts oszillierender Empfindungen, seien diese nun angenehm, unangenehm oder neutral.

Wenn wir hier die Vier Grundlagen der Achtsamkeit durchgehen, denken Sie bitte daran, dass ich sie auf lineare Weise darlege. Die Sprache, besonders die geschriebene Sprache, hat ihre Grenzen. Sie zwingt den Dingen eine Abfolge auf, die in der Wirklichkeit nicht unbedingt so vorhanden ist. Ihre Erfahrung auf dem Kissen oder Stuhl wird nicht so hübsch und säuberlich sein, und Ihre Praxis wird nicht im Gleichschritt von der ersten zur vierten Grundlage fortschreiten. Oft tauchen alle vier Grundlagen der Achtsamkeit gleichzeitig auf. Die Anleitung lautet in einem solchen Fall, mit dem zu arbeiten, was von Moment zu Moment am lebhaftesten auftaucht, und weiterhin einen stabilen und präzisen Geist zu entwickeln, der bei dem bleibt, was das Leben präsentiert. Wenn Sie verstehen, wie sehr das schriftlich Festzuhaltende beschränkt ist, wird das Ihre Praxis flüssiger machen.

Kommen wir nun zur dritten Grundlage. Während Sie sitzen und atmen, schauen Sie direkt in Ihren Geist, ohne die Qualität der Bewusstseinszustände, die auftauchen und vergehen, zu beurteilen. Hier lernen Sie einen grundlegenden Aspekt der Lehre des Buddhadharma: sich mit den *Kilesas* (Skrt. *Kleshas*) und ihrem Fehlen vertraut machen und sie erkunden. Die Kilesas oder drei Geistesgifte sind Gier, Hass und Verblendung sowie all deren Spielarten.

Nehmen wir einmal an, dass ein Sturzbach von Angst auftaucht. Denken Sie daran: Es ist nicht das Wort „Angst", das sich einstellt, sondern die tatsächliche Energie, die Sie als „Angst" bezeichnen. Diese Energie wird im Körper und im gesamten Nervensystem erfahren. Der Pulsschlag ändert sich, die Atmung selbst ändert sich, die Körperhaltung ändert sich und der Geist verändert sich. Alles wird von der Angst eingefärbt.

Wenn diese Energie der Angst auftaucht, hat es den Anschein, als würde sie ewig andauern. Sie kann sich so unbeweglich und dauerhaft anfühlen wie ein Berg. Doch wenn Sie die Angst näher betrachten, verändert sich die Energie von Moment zu Moment. Vielleicht erreicht die Angst einen Höhepunkt und beginnt dann abzuflauen. Manchmal flammt sie wieder auf. Das Muster der Angst ist nicht gleichbleibend oder vorhersehbar. Doch bei achtsamer Aufmerksamkeit auf diesen Bewusstseinszustand und mit dem Atem als Anker wird diese Energie schließlich abnehmen.

Achtsamkeit, Bewusstheit, Aufmerksamkeit – dies sind nicht einfach Wörter, sondern Formen von Energie. Wenn Sie achtsam sind und Angst bemerken und dann das Licht der Bewusstheit darauf scheinen lassen, dann trifft die Energie des Sehens auf die Energie der Angst und transformiert diese. Während Sie auf diese Weise üben, versiegt die Angst Atemzug für Atemzug.

Dies alles spiegelt die sich ständig verändernde Dynamik von Energie wider. Die machtvolle Energie der Bewusstheit transformiert die in der Form von Angst eingefrorene Energie. Dann wird diese Energie freigesetzt und steht Ihnen zur Verfügung. Ein altes Gleichnis aus der chinesischen Chan-Tradition vergleicht den gewöhnlichen Geist mit Eis und den erwachten Geist mit Wasser.

Wenn Sie weiter sitzen und den Atem als Anker benutzen, dann erfahren Sie zunehmend einen radikalen Wandel Ihrer Auffassung des Lebens. Sie erkennen vielleicht zum ersten Mal, dass Sie angesichts von Bewusstseinszuständen, die unweigerlich auftauchen, nicht hilflos sind. Sie haben aus eigener unmittelbarer Erfahrung gelernt, dass Sie mit Emotionen, die Sie früher schreckensstarr werden ließen, umgehen können, selbst wenn diese zuerst wie ein unbeweglicher Berg ausgesehen haben. Und der Grund, dass Sie

damit umgehen können, ist, dass Sie sie *beobachten* können. Sie
sehen unmittelbar in den Geist hinein.

Mit einiger Übung wird die Qualität dieser Beobachtung und
Aufmerksamkeit wie eine nicht mehr flackernde Flamme – stärker
als alles, was auftaucht, einschließlich der Energie Ihrer größten
Ängste. Wie ich in einem späteren Kapitel beschreiben werde, beschränkt sich diese transformierende Praxis nicht auf die formelle
Meditation. Sie nehmen sie in jeden Moment Ihres Alltagslebens
mit hinüber. Natürlich werden immer noch Verwirrung oder
Angst oder Ärger in Ihrer Sitzmeditation auftauchen, doch wenn
das geschieht, sind sie längst nicht mehr so bösartig wie zuvor.
Der Tag mag kommen, an dem Sie Zorn mit einer Einstellung begrüßen, die sagt: „Ach, da kommt ja der Zorn." Er ist längst nicht
mehr so überwältigend, weil er von Bewusstheit begleitet ist, einer
Bewusstheit, die sehr viel Kraft aus seiner Energie abzieht. An diesem Punkt wird der Zorn zu einem Tiger, der schwächlich geworden ist und seine Zähne verloren hat. Sie wissen, dass der Tiger
zornig ist – und das ist ganz in Ordnung.

Vor vielen Jahren arbeitete ich mit Sayadaw U Pandita, der die
burmesische Methode benutzte, bei der man sich im Geist eine
Notiz von allem macht, was während der formellen Meditation geschieht. Mein Geist wurde sehr, sehr klar. Wenn ich begann, eine
mentale Notiz zu machen, fielen die Wörter auseinander. Ich ging
zu Sayadaw und sagte: „Ich denke daran, eine mentale Notiz zu
machen, doch sobald ich damit anfange und sie höre, macht sie
keinen Sinn mehr. Sie zerfällt einfach." Er war sehr glücklich, das
zu hören, und sagte: „Sehr schön." Dann fragte er: „Was lernst du
daraus?" Ich fühlte mich verwirrt und konnte nicht antworten.
Also antwortete er für mich: „Dass das Denken leer und nichtsub-
stanziell ist. Du siehst die wahre Natur des Denkens."

Die Natur des Denkens zu beobachten und zu verstehen ist ein
weiterer Aspekt der dritten Grundlage der Achtsamkeit. Wenn Sie
Vipassana praktizieren und den Atem als Anker benutzen, beginn-
nen Sie zu sehen, dass das Denken Sie so stark im Griff hat, weil Sie

sich damit – ebenso wie mit Zorn oder Angst – identifizieren. Nehmen Sie einen einfachen Gedanken, wie ihn Meditationsanfänger oft denken: „Ich bin ein mieser Meditierender. Ich bin zu nichts gut. Ich bin ein hoffnungsloser Fall und werde niemals in der Lage sein, meinen ungezügelten Geist zu schulen." Nun, wenn Sie „hoffnungslos" fabrizieren, dann haben Sie „hoffnungslos". Also fabrizieren Sie nichts! Das ist das Beste von allem.

Oder Sie produzieren beim Sitzen vielleicht einen Gedanken über die Erleuchtung: „Ich bin Lichtjahre davon entfernt. Sie ist für mich unerreichbar. Für jeden anderen in der Meditationshalle, aber nicht für mich." Wenn dieser Gedanke auftaucht, dann glauben Sie oft daran und identifizieren sich damit. „Ja, es stimmt. Ich bin nichts wert. Ich werde niemals Erleuchtung erlangen." Statt jedoch auf diesen Gedanken zu hören, achten Sie vielmehr auf das Denken selbst und sehen, dass ein Gedanke nur ein Gedanke ist. Wussten Sie das? Er ist nichts als das. Er ist so solide wie etwas an den Himmel Geschriebenes.

Während Sie weiter praktizieren, beobachten Sie Gedanken, die auftauchen, ebenso wie Sie starke Emotionen beobachten. Sie beginnen zu erkennen, dass den Gedanken keine Macht innewohnt. Sie nehmen ihre leere Natur wahr. Selbst die zwanghaftesten und sich monoton wiederholenden Gedanken werden ebenso wie machtvolle Emotionen schließlich schwächer und verschwinden.

Anfangs halten Sie allerdings an Ihren Gedanken fest – und erleben, dass diese Sie auf eine ziemliche Achterbahn entführen können. Doch wenn Sie sich nicht entmutigen lassen, dann beginnt die Weisheit, die Sie entwickeln, zu sehen, welchen Unterschied es macht, ob Sie in einem Gedankenschnellzug mitfahren oder ob Sie auf dem Bahnsteig stehen und den Zug vorbeifahren sehen. Wenn Ihr Geist sich beruhigt, dann versuchen Sie es mit dieser Methode: „In dieser Sitzrunde werde ich, während ich ein- und ausatme, einfach nur meinen Geist beim Denken beobachten."

Im Licht der Bewusstheit fällt das Denken auseinander. Sie leben mehr und mehr aus einem Zustand des klaren Sehens heraus statt aus einem Zustand, in dem Sie alle Macht in die Hände des

Denkens legen. Dies ist ein riesiger Schritt in Richtung auf Ihre Befreiung.

Wenn Sie dann mit besser in Bewusstheit und Verstehen geschultem Geist und Herzen zur vierten Grundlage der Achtsamkeit weitergehen, betrachten Sie das Herz der Lehre Buddhas, den Dharma. Hier benutzen Sie die auftauchende Einsicht, um die Gesetzmäßigkeit der Vergänglichkeit und des Loslassens zu betrachten. Sie betrachten *Anicca,* dessen Verwandte *Anatta,* das Nicht-Selbst oder Nicht-Ich, sowie das Leiden, *Dukkha,* welches unausweichlich daraus entsteht, dass man diese Wahrheiten nicht erkennt.

Indem Sie offen für alles mit dem Atem sitzen, erkennen Sie, dass das Leben aus sich verändernden Formen besteht. Die Einsicht in die wandelbare Natur aller Formen – *aller* Formen – hat eine tiefgreifende Bedeutung für Ihre Übung der Vipassana-Meditation. Sie sehen, wie das Gesetz der Vergänglichkeit unabhängig vom Inhalt am Werk ist: am Werk im sitzenden Körper, am Werk im Geist, am Werk im Universum. Genauso ist das Leben offensichtlich. Sie erkennen immer mehr, dass Gedanken kommen und gehen, dass der Körper sich ständig im Fluss befindet, dass keine Stimmung für immer bleibt und dass Einstellungen sich verändern wie das Wetter. Sie sind glücklich, Sie sind unglücklich; Sie sind optimistisch, Sie sind ein Neinsager. Es ist zu laut, es ist zu leise.

In einigen buddhistischen Klöstern lässt man die als Opfergabe dargebrachten Blumen auf dem Altar ein wenig verwelken – und oft sogar mehr als nur ein wenig –, weil damit eine Lehre vermittelt wird. Was geschieht, wenn Sie die Vergänglichkeit von frisch gepflückten Blumen sehen? Eine Reaktion könnte sein, dass Sie sich schwören, niemals mehr frische Blumen zu kaufen, weil diese Ihnen doch verwelken. Eine andere Reaktion wäre, Blumen aus Plastik oder Seide zu kaufen. Doch eine bessere Alternative ist, sich an der Schönheit von weißen Azaleen oder Chrysanthemen zu freuen, solange sie lebendig sind. Sie wissen, wie das geht. Sie werfen sich nicht heulend und zähneklappernd auf den Boden, weil die

Blumen vergehen. Sie haben gelernt, sich an ihnen zu freuen, solange sie halten, und zu verstehen, dass sie irgendwann verwelken.

Wenn Sie beginnen, Einsicht in die Vergänglichkeit zu entwickeln, wobei Sie vielleicht mit etwas so Einfachem wie einer Blume beginnen, dann weitet sich dieses Verständnis mit der Zeit auch auf das aus, was man als die großen Themen des Lebens bezeichnen könnte. Sie alle werden alt. Sie alle werden krank. Sie alle werden sterben. Ich brauche nicht erst zu betonen, dass Sie Probleme damit haben. Es geht hier schließlich nicht um Blumen, sondern um Sie selbst. Doch wenn Ihr Verständnis des Wandels und der Substanzlosigkeit in der Welt um Sie herum zunimmt, dann beginnen Sie auch zu sehen, dass dieses Naturgesetz ebenfalls in Ihnen selbst am Werk ist. Es ist nicht mehr nur ein intellektuelles Konzept. Tatsächlich hat wahre Einsicht nichts mit Denken zu tun. Sie ist eine direkte Erfahrung, die bis auf die Knochen geht und in der es keine Trennung gibt zwischen dem, was Sie wissen, und dem, was Sie sind.

Da Ihre Übung des Sitzens und Atmens Ihnen hilft, alles auftauchen und vergehen zu sehen, hilft Ihnen das vielleicht, sich mehr mit der Natürlichkeit des Wandels und der Tatsache, dass Sie sehr wohl ein Teil der Natur sind, anzufreunden. Da gibt es keine Ausnahme. Dieses klare und präzise Sehen der Vergänglichkeit hilft Ihnen, eine der kostbaren Lehren Buddhas zu verstehen: Es hat keinen Sinn, in einer instabilen und ungewissen Welt an irgendetwas festzuhalten. Wenn Sie nach den Dingen greifen und an ihnen festhalten, so führt das nur zu einem Frontalzusammenstoß zwischen dem, was Sie sich wünschen, und dem, wie die Dinge wirklich sind. Es führt, anders gesagt, zu Leiden. Indem Sie dies sehen, lernen Sie die Freiheit des Loslassens von Anhaftungen kennen. Liebe Freunde, ich hoffe aus tiefstem Herzen, dass Ihre Praxis Sie zu dieser Quelle von wahrem inneren Glück führt.

Unlängst berichtete mir ein Schüler, er sei durch die Kontemplation der Vergänglichkeit seines eigenen Lebens zu dem Wunsch gelangt, seine Karriere als Computertechniker aufzugeben und einen stärker sozial engagierten Beruf zu ergreifen. Während seine Sehnsucht danach wuchs, quälte ihn Verwirrung darüber, wie genau seine künftige Ausrichtung aussehen sollte.

In Hinsicht auf die Praxis könnte man diese Erfahrung der Ungewissheit übersetzen als „*Ich* bin verwirrt." Doch in unserer Praxis geht es nicht darum, uns von Verwirrung verwirren zu lassen. Es geht vielmehr darum, die Verwirrung als einen egozentrischen Bewusstseinszustand zu erkennen. Der alte Geist, der die Verwirrung erzeugt hat, versucht ein Problem zu lösen, das er selbst erzeugt hat. Die einzige Hoffnung auf eine authentische Lösung bietet frisches klares Sehen. Ein ruhiger, stabiler Geist ist sehr viel besser in der Lage, die Fragen, die in Hinsicht auf einen Berufswechsel auftauchen, zu beantworten – ebenso wie irgendwelche anderen Fragen. Vergessen Sie nicht, dass sich niemand von Verwirrung verwirren lassen muss! Verwirrung ist einfach nur ein Bewusstseinszustand. Bewusstheit ist niemals verwirrt: Sie ist ein klarer Spiegel, der die Verwirrung widerspiegelt, jedoch nicht von dieser verzerrt wird.

Zu seiner großen Erleichterung verstand der Schüler diese Lehre. Obwohl er sich immer noch nicht sicher war, welchen beruflichen Pfad er einschlagen sollte, fiel die Last der „Verwirrung" von ihm ab.

Wird er sich an diese Klarheit erinnern, wenn die Verwirrung in einer künftigen Sitzrunde wieder auftaucht? Leider vergessen die meisten von uns so etwas schnell wieder. Der Geist insistiert dann wieder darauf, dass „ich" verwirrt bin. Je mehr Sie sich damit identifizieren, desto machtvoller wird dieser Glaube. Sie denken: „Mit dieser Entscheidung über meine Zukunft werde *ich* nicht fertig." Indem Sie sich mit der Verwirrung identifizieren, verstärken Sie auch die Empfindung von einem *Ich*. Ihr Geist und Ihr Körper verstärken die Auffassung, dass da ein Ich existiert, welches ratlos und in Not ist. Dazu gehört vielleicht, dass Sie sich selbst als einen hilflos verwirrten Meditierenden erleben.

Damit sind Sie wieder beim Prozess der Erzeugung eines Ich, dem „*Self-ing*". Man kann dies nicht oft genug wiederholen, denn letztlich ist dieses Festhalten an *ich* und *mein* nach der Lehre Buddhas die Quelle von allem Leiden. Sie alle wissen, wie man dieses Leiden erzeugt, denn – wie der größte Teil der Menschheit – identifizieren Sie sich mit fast allem, was Ihnen widerfährt. Während Sie sitzen und atmen, identifizieren Sie sich mit Stimmungen, auch wenn dies eine Achterbahnfahrt durch das Spektrum zwischen Glück und Verzweiflung ist. Sie identifizieren sich mit Selbstbildern, vom hochrangigen Naturwissenschaftler bis zum unfähigen Elternteil.

Für mich besteht die höchste Entsagung in der kontemplativen Praxis darin, dieser Neigung, sich mit allem als *ich* und *mein* zu identifizieren, zu entsagen. Meine Familie. Meine Identität als eine heilige Person. Meine Wut und mein leidenschaftliches Engagement für Gerechtigkeit. Mein Gemüsegarten. Wir nehmen alles so persönlich! In religiösen Kreisen ist mit Entsagung typischerweise das Aufgeben von Dingen wie Sex, Geld, Maßlosigkeit beim Essen und Besitztümern gemeint. Doch diese äußerlichen Übungen sind kein Selbstzweck; sie sind darauf ausgerichtet, Ihnen zu helfen, Ihre Neigung zu verringern, das Leben mit *„Self-ing"* zu verbringen. Es ist möglich, in einem Kloster zu leben und nur eine Mahlzeit am Tag zu sich zu nehmen und trotzdem noch ein Egomane zu sein. Ebenso ist es möglich, in einem eleganten Haus mit einem vollen Kleiderschrank zu leben und dabei frei zu sein. Als ich in Korea Zen praktizierte, erlebte ich ein Beispiel hierfür. Von Zeit zu Zeit besuchte ein elegant gekleideter und höchst erfolgreicher Rechtsanwalt und Familienvater das Kloster. Er verbeugte sich vor den Mönchen und diese verbeugten sich vor ihm. Er war wach, glücklich und warmherzig, und er wurde von allen als ein authentischer Zen-Meister angesehen und als solcher behandelt.

Sie müssen begreifen, worin Ihre größte Herausforderung besteht. Die Selbstverliebtheit ist etwas ungemein Raffiniertes und unglaublich Subtiles. In dieser Hinsicht werden Sie nie jemanden treffen, der gerissener ist als Sie selbst. Es leben heute etwa 7 Milliarden *„Self-er"* auf der Welt, und noch viel mehr sind unterwegs. Dies ist ein Grund dafür, dass unser Planet sich in dem Zustand befindet, den wir heute erleben. Es ist ein Wunder, dass wir überhaupt noch überleben!

Wenn Sie die Gesetzmäßigkeit der Vergänglichkeit, des Nicht-Ich und des Leidens erfahren, die dem gesamten Geist-Körper-Prozess zugrunde liegt, so erlaubt Ihnen dies, das Leben so zu nehmen, wie es ist – und sich selbst genauso zu nehmen, wie Sie sind. Diese unmittelbare Erfahrung vertieft sich ständig, indem Sie völlig aufmerksam sind auf das, was Ihnen begegnet, weil dies Ihr Leben in diesem Augenblick ist.

Der Akt der Achtsamkeit für den gegenwärtigen Augenblick besitzt eine dynamische Energie, die Sie allmählich und natürlich in die Richtung völliger Bewusstheit führt. Sie sitzen und atmen und wissen. Genießen Sie die Show (auch wenn Ihnen das anfangs vielleicht nicht leichtfällt). Sehen Sie die Dinge kommen und gehen, auftauchen und vergehen, erscheinen und wieder verschwinden. Was für eine Inszenierung!

Der Atem kann Ihnen sehr dabei helfen, Achtsamkeit zu etablieren. Aber werden Sie kein Atemfanatiker! Damit würden Sie das Ziel verfehlen. Wie ich im nächsten Kapitel erörtern werde, ist das, worauf es ankommt, dass Sie, während sich Ihre Praxis entwickelt, eine Bewusstheit zu Ihrer Heimat machen, die alles sieht und beobachtet. Sie sieht und beobachtet sogar den Widerwillen, zu sitzen und Anapanasati zu üben oder überhaupt irgendetwas zu üben. Das ist kein Problem. In einem Moment sind Sie vielleicht dermaßen verliebt in die formelle Meditation, dass Sie planen, nach Thailand zu reisen und Mönch oder Nonne zu werden. Zehn Minuten später flammt Erregung auf und Sie denken: „Vergiss Asien. Ich will bloß hiermit Schluss machen und mir eine große Pizza bestellen."

Die meisten von Ihnen kennen diese extremen Gefühlsschwankungen hinsichtlich der Praxis. Sie verschwinden nicht. Was sich verändert, ist Ihr Umgang damit. Wenn Ihre Bewusstheit sich entwickelt, begrüßen Sie den Widerwillen gegen die Praxis ebenso wie die Hingabe daran. Als eine Yogini kürzlich über die Ablenkungen während ihrer Sitzmeditation klagte und mir sagte, sie fühle sich deshalb wie ein Stück Scheiße, sagte ich: „Was ist falsch an Scheiße?"

Führen Sie gegen nichts von dem, was im Geist auftaucht, Krieg. Doch wenn Sie das tun, haben Sie das perfekte Material für die Übung: Erregung und Dynamik der inneren Kriegführung.

Es mag die Zeit kommen, zu der es für Sie zwischen dem ersten und dem zweiten Schritt der Ganzkörper-Atembewusstheit keinen Bruch mehr gibt. Viele große Lehrer betrachten die Unterscheidung zwischen *Samatha* (Skrt. *Shamatha,* gesammelte Ruhe) und *Vipassana* (einsichtsvolles Sehen) als künstlich – auch wenn sie in Ihrer Praxis zeitweilig sehr wertvoll sein mag. Wie der chinesische Zen-Meister Huineng im *Sutra des Sechsten Patriarchen* sagt: „Shamatha und Vipassana sind wie die Lampe und ihr Licht. Wo es eine Lampe gibt, da ist auch Licht; ohne die Lampe herrscht Dunkelheit. Die Lampe ist der Körper des Lichts; das Licht ist die Funktion der Lampe. Es mag zwei Namen geben, aber ihre Essenz ist im Grunde ein und dasselbe."

Ich möchte dieses Kapitel mit der Geschichte einer Yogini abschließen, die mir die enorme Geschmeidigkeit der einzelnen Schritte in der Methode der vollen Atembewusstheit demonstriert hat. Leider litt diese Yogini an einer fortgeschrittenen Form von Kehlkopfkrebs. Sie begann damit, den Atem als Anker zu benutzen und folgte den allgemeinen Anleitungen, die ich auch in diesem Buch gebe. Dabei wurde ihr klar, dass ihr natürliches Interesse an der vergänglichen Natur des Atems für sie der wertvollste Ansatz war. Also blieben wir bei Schritt eins und stimmten diesen so auf sie ab, dass ihre gesamte Aufmerksamkeit der instabilen und sich verändernden Länge und Qualität jedes Aus- und Einatmens galt. Anders formuliert: Auch wenn der erste Schritt oft als eine Samadhi-Praxis verwendet wird, kann er auch eine Praxis von Einsicht oder Weisheit sein. Dieser Kern des Vipassana oder der Einsicht – der Bewusstheit der vergänglichen Natur aller Formen – wurde für diese Yogini zur Dharma-Pforte, indem sie den Ein- und Ausatem benutzte, um diese Vergänglichkeit in Aktion zu sehen.

Weil das Ende ihres Lebens so nahe war und sich ihre Praxis des Sehens der Vergänglichkeit stabilisiert hatte, schlug ich ihr vor, sich einer extrem herausfordernden Praxis zu widmen: dem *Maranassati Sutta* („Achtsamkeit auf den Tod"). Nach einem ersten Moment des Entsetzens gelang es ihr, den Atem zu beobachten, während sie gleichzeitig bedachte, dass ihr Leben buchstäblich an einem seidenen Faden hing: Wenn es nach einem Ausatmen kein Einatmen mehr gab, würde sie nicht mehr leben. Diese intensive Praxis brachte ihr Weisheit und Frieden, bevor sie starb. Ich habe niemals zuvor mit jemandem auf diese Weise gearbeitet und habe es seither auch nicht mehr getan.

Wie Sie sehen, sind die Grenzen dieser Methode der Achtsamkeit des Atems in zwei Schritten nur durch das Ausmaß Ihrer Kreativität und der Kreativität Ihrer Lehrer gegeben. Sie ist, wie alle Meditation, darauf ausgerichtet, Ihnen zu helfen, Ihre Erfahrungen und Ihr Verständnis auf eine Weise zu nutzen, die Ihnen und dem Leben dient. Sie hilft Ihnen, einen aufmerksamen Geist zu entwickeln, der brennend daran interessiert ist zu lernen, wie man mit Weisheit und Mitgefühl lebt und stirbt.

Schließlich gibt es kein „Ich" mehr, welches das Sehen macht – da ist nur noch Sehen. Diese Energie des Sehens wird zu einer Flamme, die die Kraft all dessen verbrennt, was vor Ihnen auftaucht.

• • • • •

F: Obwohl ich mich sehr ruhig fühlte, als ich die Meditationshalle betrat, wurde mein Atem ungleichmäßig und ich fühlte eine Welle der Angst aufsteigen, sobald ich mich auf mein Kissen gesetzt habe.

A: Denken Sie daran, dass Sie nicht versuchen, dem Atem einen bestimmten Rhythmus oder ein Muster aufzuzwingen. Der Atem ist einfach so, wie er ist. Sie benutzen ihn jetzt als einen Anker, was Ihnen hilft, Bewusstseinszustände wie Angst zu betrachten. Die meisten Menschen verstehen die Übung mit dem Atem nur als eine Technik, um Ruhe und Sammlung zu erreichen, doch Sie üben damit, um auf alles achten zu können, was auftaucht. Der

Buddha lehrte die Achtsamkeit auf den Atem, um uns zu Einsichten ebenso wie zur Ruhe des Geistes zu verhelfen. Weil der Atem stets bei Ihnen ist und jeden Schritt Ihres Weges begleitet, kann er Ihnen helfen, sich für das Leben zu öffnen und Ihre Reaktionen auf alles, was Ihnen begegnet, anzusehen.

• • • • •

F: Können Sie den Unterschied zwischen Sammlung und Konzentration und der allgemeineren Praxis der Achtsamkeit etwas näher erklären?

A: Wenn Sie sich ausschließlich auf einen Teil des Körpers – sagen wir die Nasenlöcher – konzentrieren, dann werden Sie manchmal dermaßen vom Körper und dem Atmen absorbiert, dass Sie den Verkehr vor dem Haus nicht mehr hören. Manche Lehrer und Schüler fühlen sich zu diesen Zuständen der Versenkung hingezogen. Auf der tiefsten Ebene werden Sie *Jhanas* genannt. Bei manchen Ansätzen unterscheidet man verschiedene Stadien der Versenkung, und dazu gehören oft Zustände der Freude, des Friedens und der Glückseligkeit. Je tiefer Sie gehen, desto länger hören die Ablenkungen auf. Der Geist wird klarer, stabiler und stärker. Doch in diesen Versenkungen werden die Affektionen, die das Herz beunruhigen, nur zeitweilig außer Kraft gesetzt. Sobald Sie aus den Jhanas „herauskommen", sind die Affektionen wieder da; sie haben geduldig auf Sie gewartet.

Diese Ausrichtung betonen wir jetzt nicht. Sie sind unterwegs zu Vipassana, einer Weisheitspraxis. Weisheit bringt eine breitere Erfahrung Ihres gesamten Lebens ins Spiel und weiß die Quellen des Leidens auszurotten. Natürlich ist ein angemessenes Maß an Ruhe dafür wesentlich – sie muss jedoch nicht so konzentriert sein wie in den Übungen der Versenkung.

Hier ist eine berühmte Lehrgeschichte aus Indien, die den Unterschied, nach dem Sie gefragt haben, illustriert. Ein König des Altertums war sowohl ein beispielhafter weltlicher Regent als auch ein Meister-Yogi. Ein Untertan, der diese ungewöhnliche Kombination verstehen wollte, bat darum, sich unter ihm schulen zu dürfen. Der König stimmte zu und wies den Mann dann an, sich einen Topf mit heißem Öl auf den Kopf zu stellen und durch alle Räume des Palastes zu gehen, ohne einen einzigen Tropfen zu vergießen.

Der Mann meisterte diese Aufgabe und berichtete von dieser Leistung. „Wunderbar!", sagte der König. „Kannst du mir nun sagen, was im Palast vor sich geht – politische Intrigen, Staatsstreiche, Sexaffären, Mordverschwörungen?" Der Schüler antwortete, er sei zu sehr darauf konzentriert gewesen, keinen Tropfen Öl zu vergießen, um die Welt um ihn herum zu beobachten. Also sagte der große König: „Jetzt stell dir den Topf mit dem Öl auf dem Kopf, geh durch den Palast, ohne einen Tropfen zu vergießen, und sage mir hinterher, was dort vor sich geht."

• • • • •

F: Wenn ich den Atem dazu benutzt habe, eine starke Stabilität des Geistes zu erreichen, benutze ich ihn dann als Hintergrund für alles, was auftaucht?

A: Ich schlage vor, dass Sie weiterhin auf den Atem achten, während Sie den Ansatz der Ganzkörper-Atembewusstheit erkunden. Bei diesem zweiten Schritt halten Sie natürlich nicht mehr so stark am Atem fest und benutzen ihn als einen Anker zur Stabilisierung der Aufmerksamkeit. Während Atmung und Bewusstheit gleichzeitig geschehen, achten Sie aufmerksam auf den Geist-Körper-Prozess und das Auftauchen und Verschwinden aller Formen.

Aber Sie fällen die Entscheidung nicht willkürlich. Sie ist sehr geschickt. Sie müssen immer mehr Ihre eigene Führung übernehmen. Gehen wir zum Beispiel der Angst zurück. Sie sitzen auf Ihrem Kissen oder Stuhl und der Atem ist plötzlich unangenehm oder sogar schwer aufzufinden. Ringen Sie nicht darum, die Atemempfindungen zu erfassen. Denken Sie daran, dass es einen Unterschied gibt zwischen der Sammlung auf den Atem im Rahmen des ersten Schritts und dieser zweiten Methode, die darin besteht, sich des Atems bewusst zu bleiben, während Sie sich auf das fokussieren, was im Augenblick besonders lebhaft geschieht – in diesem Fall Angst. Es ist möglich, dass der Atem in einem bestimmten Moment überhaupt nicht zugänglich ist. Kein Problem: Er wird wieder in Ihrem Bewusstseinsfeld auftauchen.

Wenn Sie den Fokus auf den Atem aufgeben und die Angst direkt betrachten, bemerken Sie womöglich, dass Bewusstheit gedeihen kann, ohne dass Sie den Atem als Anker benutzen. Vielleicht können Sie dann zehn Minuten später zum Atem zurückkehren und er wird Ihnen helfen, die Natur der Angst zu untersuchen.

Keine dieser Möglichkeiten bleibt für immer. Während Sie diese beiden Schritte praktizieren – oder auch alle möglichen unterschiedlichen Methoden –, lernen Sie schließlich, Zutrauen zu Ihrer eigenen Findigkeit und Intuition zu entwickeln. Wenn Sie geduldig und ehrlich sind, werden Sie eine kluge Wahl treffen können, die auf dem basiert, was für Sie funktioniert.

• • • • •

F: Wenn ich aufgeregt bin, dann merke ich, wie mein Geist sich überschlägt und außer Kontrolle gerät. Doch wenn ich durcheinander oder unruhig bin und dann nur für einige Momente auf den Atem im Körper achte, dann bringt das Bewusstheit in den Körper und verändert deutlich meine emotionale Reaktion.

A: Ja, so soll das sein. Denken Sie an unsere Erörterung des *Kalama Sutta* – genau hierauf weist es hin. Sie lernen durch Ihre eigene Erfahrung, wie gut das tut, und müssen keine Anleihe bei Buddha machen! Sie entdecken, dass Sie stärker im gegenwärtigen Augenblick verkörpert und dem Ansturm der Gefühle oder Bewusstseinszustände weniger ausgeliefert sind. Tatsächlich schließen Sie die phantastische Vorstellungskraft des Geistes sowie seine Fähigkeit kurz, Sie in eine andere Wirklichkeit zu transportieren.

Außerdem lernen Sie jetzt den Körper von innen her kennen, als ein Energiefeld. Sie werden sensibler für ihn. Die enorme Intelligenz, die unser Körper enthält, wurde verstümmelt, weil wir den Körper missbraucht oder nicht beachtet haben. Die Ganzkörper-Atembewusstheit und der Gebrauch des Atems als Anker helfen

Ihnen, Ihren Körper intimer kennenzulernen, und dies wirkt sich positiv sowohl auf Ihre körperliche Gesundheit, als auch auf Ihre Einsichtspraxis aus.

• • • • •

F: Als ich gerade gesessen habe und sehr konzentriert war, wurde ich plötzlich von einer enormen Welle der Traurigkeit überflutet. Ich wollte sie dadurch loswerden, dass ich hinausgehe und an diesem wunderschönen Tag einen Spaziergang mache.

A: Willkommen im Kreis der menschlichen Familie!

F: Also bin ich bei der Traurigkeit geblieben, und sie ist verschwunden. Aber ich habe eine enorme Abneigung gegen sie verspürt.

A: Das ist in Ordnung. Diese Übung hat endlose Schattierungen. In der reinen Beobachtung sehen Sie die Abneigung als eine Reaktion auf die Traurigkeit. Bewusstheit hilft Ihnen, zu sehen und zu lernen, dass die Qualität des Sehens beeinträchtigt wird, sobald Sie einen Bewusstseinszustand anschauen, um ihn loszuwerden. Abneigung ist ein Kilesa, ein emotionales Gebrechen, das die Bewusstheit überschattet, solange Sie es nicht erkennen, wenn es auftritt.

Hier ist ein Vorschlag. Wenn Sie etwas als „Traurigkeit, Traurigkeit, Traurigkeit" etikettieren, dann kann das Wort selbst etwas werden, das Sie stark konditioniert. Es ist, als ob Sie Benzin in ein Feuer schütten – die Flammen lodern umso mehr. Also weisen Sie das Wort zurück und betrachten einfach die Energie dessen, was Sie Traurigkeit nennen. Erfahren Sie diese Energie im Körper, während Sie ein- und ausatmen. Spüren Sie den subtileren Ausdruck der Traurigkeit im Geist. Wenn das Wort auftaucht, beobachten Sie, wie der Geist ein Etikett oder eine verbale Erklärung für das produziert, was geschieht. Diese Aufschrift ist nicht neutral wie das Etikett auf einem Glas Orangenmarmelade. Bestimmte Wörter wie etwa „Angst" oder „Einsamkeit" oder „Traurigkeit" enthalten ein starkes Urteil und eine große Kraft. Versuchen Sie es mit wortlosem Sehen – mit dem, was wir klares Sehen nennen. Es hat keine andere Absicht als das bloße Sehen an sich. Sie verlangen keine Gegenleistung dafür. Und es kommt nichts als Nächstes. Nur dies.

• • • • •

F: Kürzlich habe ich geträumt, dass mein sterbender Vater bereits in einem Sarg lag. Als ich heute meditiert habe, ist das Gefühl der Panik, ihn dort zu sehen, zurückgekehrt. Bevor dies geschah, war die Meditation friedlich. Jetzt fürchte ich mich vor dem, was womöglich auftaucht, während ich still sitze.

A: Beginnen Sie damit, diese Angst-Energie anzusehen und gleichzeitig zu wissen, dass Ihr alter Freund, der Atem, immer bei Ihnen ist, um Ihnen zu helfen. Natürlich wollen Sie alle sich friedvoll und glücklich fühlen. Sie können beschließen, den Topf Öl auf Ihrem Kopf in ruhiger Pose durch den Palast zu tragen. Doch wenn Sie sich dafür entscheiden, in Richtung Weisheit zu gehen, werden Sie lernen müssen, Ihr Leben in vollem Umfang anzusehen, so wie es von Moment zu Moment ist. Meditation ist wie Ihr Leben. Manchmal sind Sie von großer Freude und Glücksgefühlen erfüllt, manchmal von großer Enttäuschung und Angst. Die Meditation zeigt Ihnen einfach, was da ist.

• • • • •

F: Können Sie uns ausführlicher erklären, wie wir mit Angst umgehen können? Sie taucht ja doch für viele von uns immer wieder auf.

A: Dies ist einer der Fälle, in denen es sehr hilfreich ist, in einer Gruppe zu üben, weil Sie sich gegenseitig ermutigen, etwas zu tun, das Sie normalerweise nicht tun möchten. An einem bestimmten Punkt werden Sie sehen, dass Angst oder Sorgen oder sogar der Kummer über den Tod eines geliebten Menschen nichts Schlechtes sind. Warum? Weil sie Teil der normalen Zusammensetzung des Lebens sind.

Versuchen Sie, Angst aus einer neuen Perspektive zu betrachten. Sie werden sehen, dass der Geist nicht kooperieren will. Er sagt: „Das bringe ich einfach nicht fertig!" Manchmal sehen Sie, dass Angst wie eine Pflanze auf dem Acker des Denkens über die Zukunft wächst. Doch hier ist eine radikal neue Einstellung: Angst ist Teil des Lebens, Teil der natürlichen Welt. Sie ist nichts Unheimliches oder Überwältigendes. Sie gleicht Gewittern, Bäumen und Erdbeben. Denken Sie daran, dass die Natur und der Geist in der Lehre Buddhas eins sind. Wenn Sie sich für die Gesamtheit des Lebens interessieren, einschließlich der Angst, bringen Sie Bewusstheit und Klarheit in Ihr Leben – und dann wird eine enorme Energie freigesetzt.

Sie lernen, sich der Angst zuzuwenden. Das ist eine neue und anspruchsvolle Fertigkeit. Die meisten von Ihnen versuchen ihr Leben lang, bestimmte Bewusstseinszustände zu vermeiden. Doch in Ihren unerforschten Ängsten, Abneigungen und Ausflüchten wird unglaublich viel Energie vergeudet. Wenn Sie sich für sie öffnen, dann wird diese eingeschlossene Energie freigesetzt. Das Leben gewinnt mehr an Weite. Können Sie sich vorstellen, wie viel von Ihrem Leben dadurch verzerrt wird, dass Sie sich der Angst nicht gestellt haben? Wie viel Kreativität abgewürgt wird, weil Sie Angst haben zu versagen?

• • • • •

F: Wenn Schwierigkeiten auftauchen, hat es eine beruhigende Wirkung, den Atem zu benutzen. Er hilft mir, leichter mit schmerzlichen Gefühlen zu sitzen. Damit bringe ich aber ein Ziel in diesen Prozess: Ich benutze den Atem, um mich besser zu fühlen. Untergräbt das meine Übung?

A: Seien Sie bitte nicht so streng mit sich selbst. Sie haben einen geschickten Gebrauch des Atems beschrieben. Er hat eine beruhigende Wirkung und kann Ihnen helfen, einen Ausflug in das Tal betrüblicher Gedanken zu machen. Das ist geschickt, gesund – und erlaubt! Aber Sie haben recht: Genau genommen ist das keine Weisheitspraxis, denn wenn Sie sich dem nicht stellen, was im gegenwärtigen Augenblick geschieht, können Sie nicht frei werden.

Konzentration versetzt Sie nur vorübergehend in einen friedlicheren, klareren und glücklicheren Bewusstseinszustand. Einsicht rottet das Problem aus.

Sie müssen sich fragen, ob die Rückkehr zum Atem eine wiederkehrende Methode ist, um etwas Unangenehmes zu vermeiden – oder ist sie vielleicht ein „taktischer Rückzug"? Um diese militärische Metapher zu benutzen: Ein guter General weiß, wann er sich zurückziehen muss, damit seine Soldaten trockene Kleidung anlegen, sich ausruhen und etwas Warmes essen können, damit sie leistungsfähiger sind, wenn sie an die Front zurückkehren. Als Meditierender sind Sie der General, die Soldaten und der Feind! Die Wahl Ihrer Methode ist eine Kunst, nicht eine Wissenschaft.

Ich will noch einmal auf meine frühere Warnung zurückkommen: Wie jede Konzentrationstechnik, so lässt sich die Atmung als erstklassiges Mittel zur Flucht benutzen. Wenn Sie sehr viel Erfahrung damit haben, mag das sein, als ob sie auf den Knopf eines Aufzugs drücken. Hier kommt etwas Schreckliches, also zappe ich weiter zum Atem-Kanal. Wenn das geschieht, heißt das, dass Sie nicht mit der Angst umgegangen sind – sie ist nur zeitweilig außer Kraft gesetzt. Doch lassen Sie mich auch wiederholen: Ob Sie das bewusste Atmen nun dazu benutzen, sich zu beruhigen oder um Bewusstseinszustände zu erforschen, es ist ein wunderbarer Verbündeter.

· · · · ·

F: Können Sie mir helfen, einen Ansatz für den Umgang mit der intensiven Wut zu finden, die auftaucht, sobald ich auf dem Kissen sitze?

A: Wenn Ihre Wut so heftig oder so überwältigend ist, dass Sie sie nicht ansehen können, dann – so werden manche Menschen Ihnen raten – bringen Sie Gegenmittel wie etwa Liebende Güte ins Spiel. Oder Sie kehren dazu zurück, sich auf den Atem zu konzentrieren. Aber der Ansatz, den ich für diese zweite Kontemplation lehre, besteht, wie Sie wissen, in der Aufforderung, sich all dessen, was auftaucht, bewusst zu sein und dabei den Atem als Anker zu benutzen.

Wenn die Energie des Sehens mit der Energie in Berührung kommt, die Sie „Wut" nennen, dann verliert die Wut ihre Kraft. Sie durchbrechen die Identifikation mit dem „Ich", das wütend ist oder sich angegriffen fühlt. Sie geben die Neigung auf, sich mit der Wut zu identifizieren. Statt das Gefühl „Ich bin wütend" zu haben, beginnen Sie zu sehen, dass Wut auftaucht. Sie ist ein Element der Natur, der menschlichen Natur, genauso wie Einsamkeit oder Glück. Wenn Sie dies sehen, dann entfernen Sie das Gift aus dieser Emotion.

Dies ist die Weisheitspraxis, die ich Ihnen überall in diesem Buch anbiete: direktes Sehen. Sie lernen, den Atem als einen Anker zu benutzen, der Ihnen hilft, im Sturm selbst der erschreckendsten Bewusstseinszustände ruhig und ausgeglichen zu bleiben. Machen Sie sich darauf gefasst, dass Sie gelegentlich von diesem Sturm an den Strand gespült oder umgeworfen werden. Doch mit der Zeit kann die Achtsamkeit zu einer Flamme werden, die stärker ist als alles, was vor ihr auftaucht. Das geschieht durch Ihre Übung – es ist eine Fertigkeit, die Sie lernen können.

• • • • •

F: Wenn Wut auftaucht, dann sitzt man einfach nur da und sieht sie an?

A: Sie sitzen nicht einfach nur da. Sie wenden der Wut Ihre ganze, totale Aufmerksamkeit zu. Da gibt es keine Trennung zwischen der Wut und Ihnen. Sie erleben sie voll und ganz, ohne sie wegzudrängen.

Ich möchte jedoch kein Rezept mit Mitteln und Zielen daraus machen: Wenn Sie die Wut ansehen, dann wird es Ihnen gelingen, sie loszuwerden. Ich muss hier Worte benutzen, aber in der eigentlichen Praxis des reinen Sehens gibt es kein Motiv außer dem Sehen. Darin besteht seine Kraft. Wenn Sie mit Ihrer Aufmerksamkeit auf die Wut zielen, als sei sie ein Laserstrahl, der die

Wut zerstören soll, dann schwächt Ihre Motivation die Kraft des direkten Sehens.

• • • • •

F: Aber haben Sie nicht gesagt, wenn Gefühle auftauchen, dann sollten wir bei den Empfindungen im Körper bleiben und ihnen keine Gedanken oder Wörter widmen? Habe ich hier etwas falsch verstanden?

A: Ja, ein bisschen. Lassen Sie das Wort „Wut" oder „Angst" oder was auch immer es ist beiseite. Betrachten Sie die Energie, nicht das Wort. Die Leute reden davon, die Energie im Körper zu lokalisieren. Aber sie ist nicht bloß dort. Sie ist auch in Gedanken und Gefühlen. Denken Sie daran, dass es in der Lehre Buddhas um den gesamten Geist-Körper-Prozess geht.

• • • • •

F: Wenn Sie also vom klaren Sehen sprechen, dann umfasst das Gedanken, visuelle Bilder ...

A: Was auch immer vorhanden ist. Der Inhalt spielt keine Rolle: Es geht um die Qualität des spiegelgleichen Sehens. Es umfasst den Körper und den gesamten Bereich der menschlichen Erfahrung. Worum es hier geht, ist, die Gedanken oder Gefühle nicht zu nähren oder sich in sie zu verstricken. Wenn Sie sie nähren, dann meditieren Sie nicht mehr – Sie denken oder analysieren. Sie alle sind Experten in chronischer Nabelschau. Die tiefsten Einsichten enthalten keine Gedanken. Überhaupt keine. Sie sind einfach nur klares Sehen. Ein Geist, der in Frieden ist, kann leer sein oder einige Gedanken enthalten – die Stille bleibt intakt.

• • • • •

F: Ich kann ziemlich jähzornig sein. Ich hatte einen Streit mit einem Arbeitskollegen, und dieser Streit tauchte während meiner Meditation Abend für Abend immer wieder auf. Schließlich verstand ich, was meine Rolle dabei war und welche Fehler ich gemacht hatte. Die

Meditation schien das Gift aus diesem Aufeinandertreffen zu nehmen. Ist das ein Teil der Einsichtsmeditation?

A: Was Sie getan haben, war gut, weil diese Erfahrung nun keine Quelle des Leidens mehr ist. Sie haben es nicht genährt. Dies ist eine Form der reflexiven Einsicht, die ein geschickter Gebrauch des Denkens ist. Angenommen, ein Ereignis ist geschehen und hat Schaden angerichtet. Sie und Ihr Kollege haben es ausgefochten. Durch die Meditation haben Sie Einsichten in Ihr Verhalten gewonnen. Vielleicht hat es Ihnen leidgetan, einen Kollegen verletzt zu haben. Im Laufe Ihrer Übung beginnen Sie vielleicht zu sehen, dass dies ein gewohnter Stil des Umgangs mit anderen ist, der nicht mehr von Nutzen für Sie ist.

Sie haben einen Fehler eingestanden, Bedauern verspürt und haben Ihr Nachdenken als eine Gelegenheit genutzt, leben zu lernen. Wie könnte Weisheit hervortreten und gedeihen, wenn Sie nicht fähig wären, Fehler einzugestehen?

Allerdings ist dies nicht das tiefste Verständnis von Vipassana, was klares, tiefes Sehen bedeutet. Wenn Ihre Fähigkeit, klar zu sehen, zunimmt, dann merken Sie, dass Sie sich immer weniger auf irgendwelches Denken stützen, selbst auf nützliches Nachdenken dieser Art. Der klare Geist ist eine Form nichtbegrifflicher Intelligenz, die weise auf eine gegebene Situation reagieren kann, und zwar in dem Moment, wo die Situation auftritt.

3. Wahlfreie Bewusstheit

Die Form loszulassen bedeutet, auf die Unmittelbarkeit von Bewusstheit zu vertrauen. Und Bewusstheit ist real. Sie ist nicht abstrakt, sie ist nicht irgendein Konzept, das ich habe, aber nicht gleich erkenne. Sie ist eher so etwas wie der Raum in diesem Zimmer und die Formen im Raum. Sie sind, was sie sind. Und ich gehe nicht länger von einem Ding zum nächsten und sage, „Ich mag dieses, aber jenes gefällt mir nicht", sondern ich erkenne, dass alles, was sich in diesem Raum befindet, in diesem Augenblick hierher gehört. Es spielt keine Rolle, ob es mir gefällt oder nicht, oder ob es gut oder schlecht ist. Wenn es hier ist, dann sind die Dinge eben so; und dies bedeutet, dass wir lernen, auf eine Bewusstheit zu vertrauen, die nicht wählerisch ist. Das ist Wahlfreie Bewusstheit.

AJAHN SUMEDHO

In diesem Kapitel werden wir erkunden, welch immense Wichtigkeit für die Sitzmeditation der Zustand hat, in dem man den Atem nicht mehr als Anker benutzt, sondern sich stattdessen „unablässig auf den reinen und einfachen Geist sammelt", wie es uns der thailändische Meditationsmeister Upasika Kee empfiehlt.

Doch warum sollten wir den Atem jetzt fallen lassen, wo ich ihm in diesem Buch doch bisher eine so herausragende Rolle zugeschrieben habe? Was würde es bedeuten, vom Atem abzulassen und „nur" direkt in sich selbst hineinzuschauen?

Mit den früheren Methoden im ersten und im zweiten Kapitel haben Sie erfahren, wie die Ganzkörper-Atembewusstheit es dem Geist ermöglicht, sich zu beruhigen und zu stabilisieren. Indem der Körper sich mehr mit dem Fluss der Atemenergie vertraut macht und sich „geerdeter" fühlt, vermag er für längere Zeiträume zu sitzen. Da Sie den Atem durchgängiger beobachten, beruhigt er sich, und da die Atmung den Körper konditioniert, ist auch der Körper eher geneigt, sich zu entspannen. Sie haben Ihren „Sitz eingenommen" und besitzen damit eine stabilere körperliche Basis, von der aus Sie die gesamte sich ständig verändernde Natur des Geist-Körper-Prozesses beobachten und untersuchen können. Sie tun dies, ohne das, was im Geist auftaucht, zu beurteilen oder zu analysieren. Während Sie diesen Modus der Offenheit und freien Aufmerksamkeit einüben, benutzen Sie auch den Atem als Anker.

Nachdem ich viele Jahre lang von diesem Ansatz der Atembewusstheit profitiert hatte, geriet ich in meiner eigenen formellen Meditationspraxis immer wieder in einen Bewusstseinszustand, der weit ausgedehnt und still, leer und in Frieden war. Dieser Geist, der frei von Begriffen und dabei mit subtiler Lebensenergie aufgeladen war, erstaunte mich – und er war etwas völlig Neues für mich. Hier die Aufmerksamkeit weiterhin bewusst auf die Atmung zu lenken schien überflüssig und nicht mehr nötig zu sein.

Es war nicht so, dass ich den Atem fallen ließ – genauer gesagt, ließ der Atem *mich* fallen. Wenn der Atem sprechen könnte, so hätte er vielleicht gesagt: „Wenn du möchtest, kannst du mich weiterhin als Anker benutzen, aber dieser Anker ist nicht wirklich wesentlich, nicht wahr?" Als die Bemühung, achtsam zu sein, wegfiel, schien das *Nichthandeln* oder *Nichttun* die natürlichere Vorgehensweise zu sein. Allmählich widmete ich mich der Übung, diese Entdeckung anzuerkennen und zu stabilisieren, darin zu ruhen und ihr zu erlauben, auf „mich" zu wirken.

Warum habe ich das getan? Und warum sollte irgendjemand von Ihnen das tun? Haben wir etwa die Nase voll von der Atembewusstheit? Sind wir dem Buddhadharma untreu geworden? Nach reiflicher Überlegung und zeitweilig auch einiger Seelenpein wurde mir klar, dass dies für mich die natürliche Erfüllung all dessen war, was ich zuvor praktiziert hatte. Es war der einzigartige Ausdruck eines Dharma-Erbes von vielen großen Lehrern, Lehren und Jahren der Praxis. Diese Flamme der Bewusstheit wurde immer mehr zu meiner Heimat. Alle Inspiration, die ich brauchte, war die Liebe zum Sehen und zum Lernen von all den Dingen, die ich innerlich wie auch äußerlich sah. Und so ist es bis auf den heutigen Tag geblieben.

Ihnen sollte jedoch klar sein, dass die Praxis nicht unbedingt so verlaufen muss, wie ich es erfahren habe. Mein Ansatz für die Meditation schreibt keinen festgelegten Kurs vor. Angesichts der vielen Jahre, die ich mich aus ganzem Herzen Anapanasati als kompletter Dharma-Praxis gewidmet habe, war es ein intensiver, stark infrage gestellter und einigermaßen dramatischer Prozess, vom Atmen als Stütze der Bewusstheit abzulassen.

Ich lernte nicht nur durch meine eigenen Erkundungen, sondern ich hörte im Lauf der Jahre auch von vielen anderen Yogis, die die volle Bewusstheit des Atems praktiziert hatten, dass sie zu einem ähnlichen Schluss gelangt waren. Natürlich kam jeder von ihnen auf seine ganz eigene Weise zu dieser Entscheidung. Für die meisten von ihnen geschah diese Entwicklung ganz natürlich und folgte keinem vorbedachten Plan.

Ich betone dies, weil die buddhistischen Lehren eine Vielzahl von Methoden anbieten, die die Atmung nutzen. Wie es auch in vielen anderen buddhistischen Meditationsformen üblich ist, treten die meisten Schüler von Vipassana durch die Pforte des achtsamen Atmens in den Dharma ein. Oft bleibt das achtsame Atmen auf eine einfache, natürliche Weise darauf beschränkt, Samadhi – also Sammlung oder Versenkung – zu entwickeln und wird dann fallen gelassen. Doch wie zuvor bereits erwähnt, benutzen diejenigen, die Anapanasati praktizieren, den Atem auch dafür, *sowohl* Ruhe *als auch* Einsicht in das Auftauchen und Verschwinden aller Formen zu entwickeln. Einige Meditierende – wahrscheinlich eine weitaus geringere Anzahl – folgen ganz genau den Richtlinien der 16 aufeinanderfolgenden Kontemplationen des *Anapanasati Sutta,* die das bewusste Atmen als Bestandteil eines Pfades verwenden, der zu vollem Erwachen führt.

Denken Sie an die offensichtliche Tatsache, dass der Atem Sie begleitet, solange Sie leben. Das gilt natürlich auch für Ihre Übung der Sitzmeditation, ganz gleich, welchen Ansatz Sie verwenden. Bei mir sind die Atemempfindungen manchmal sehr deutlich, was einfach daran liegt, dass ich über Jahre hinweg genau darauf geachtet habe! Und in bestimmten Situationen greife ich absichtlich auf die Atembewusstheit zurück. Wenn ich zum Beispiel krank im Bett liege, benutze ich die erste Methode, die Ganzkörper-Bewusstheit des Atems, weil sie offenbar den Heilungsprozess fördert. Wie ich im nächsten Kapitel erklären werde, verwende ich die Atembewusstheit oft auch im Alltagsleben. Dann und wann, wenn mein Geist ungewöhnlich geschäftig ist, benutze ich auch einige Momente der Atembewusstheit, um den Geist für die Wahlfreie Bewusstheit zu beruhigen.

Wenn Sie den Atem als Anker fallen lassen und mit Achtsamkeit als Ihrer einzigen Zuflucht praktizieren, dann treten Sie in die wahre Wahlfreie Bewusstheit ein. Verweilen Sie auf diese Weise im gegenwärtigen Moment, dann haben Sie keine Absichten mehr sowie kein zuvor festgelegtes Objekt, auf das Sie achten müssen. Von Moment zu Moment spielt das, was gerade auftaucht, eine wesentliche Rolle, ob es nun der Kontakt mit Bewusstheit, dem körperlichen Leben, Geräuschen oder Gerüchen ist. Nichts bleibt außen vor.

Hier herrscht auch die Eigenschaft des Nichturteilens vor, wozu gehört, dass Sie nicht wählerisch sind und irgendetwas von dem, was dem Geist begegnet, vorziehen oder ablehnen. Hier gibt es keine Interpretationen, Erklärungen oder Analysen.

Die alten Meister haben dies manchmal den spiegelgleichen Geist genannt. Ich habe auf dieses Bild bereits früher Bezug genommen, als Sie den Atem dazu benutzt haben, die Kunst des klaren Sehens zu entwickeln. In der Wahlfreien Bewusstheit entwickelt sich die Methode ohne ein Objekt, einen Fokus oder einen Anker. Der japanische Zen-Meister Bankei, der in seinen Unterweisungen Natürlichkeit und Spontanität als Korrektiv für eine allzu formalisierte Übungsweise betonte, hat dies sehr schön beschrieben: „Ein Spiegel reflektiert das, was vor ihm erscheint. Er versucht nicht absichtlich, Dinge widerzuspiegeln, doch was immer vor dem Spiegel auftaucht, dessen Farbe und Form erscheinen gewiss darin. Ebenso versucht der Spiegel nicht absichtlich, ein gespiegeltes Objekt nicht mehr widerzuspiegeln, sobald es entfernt wird. Wird es weggenommen, dann erscheint es nicht im Spiegel." Mit anderen Worten: Der Spiegel versucht nicht, das Bild zu ergreifen oder es festzuhalten, wenn dessen Zeit vorüber ist. Er hat keine Vorstellungen davon, was als Nächstes kommen oder nicht kommen sollte. In der Wahlfreien Bewusstheit hält dieser spiegelgleiche Geist nicht an etwas fest, das er behalten möchte, und er stößt auch nicht weg, was er nicht mag.

Während des zweiten Schritts, der Atem als Anker, haben Sie absichtslose Offenheit geübt und sind deshalb bereits mit der Kunst vertraut, auf dem Kissen zu sitzen und empfänglich für das zu sein, was das Leben selbst anbietet. Doch jetzt, ohne den Atem als Anker, sind Sie vielleicht eher als zuvor versucht, sich zu fragen: „Und was jetzt? Worauf achte ich, wenn ich mich zum Meditieren hinsetze?"

Wiederum lautet meine Antwort, dass ich Ihnen das nicht sagen kann. Ich habe nicht nicht die geringste Ahnung. Das Leben selbst macht die Vorgaben!

Sie alle müssen lernen, dies geschehen zu lassen. Sie haben sich Ihr Leben lang darin geübt, „Pläne zu schmieden". Das ist zu einer eingefleischten Gewohnheit geworden. Jetzt bekommen Sie es mit einer völlig neuen Fertigkeit zu tun – oder vielleicht einer anderen Stufe der „Kunst des Zulassens und Empfangens", die Sie mit den ersten beiden Methoden kultiviert haben. Was auch immer Ihnen im Hier und Jetzt begegnet, ist Ihr Leben, bis es wieder verschwindet und Ihnen das begegnet, was als Nächstes auftaucht. Und dann wieder das Nächste. Sie achten einzig und allein auf das, was tatsächlich bereits hier ist. Warum? Eben weil es hier *ist*. Sie überlassen es dem Leben, die Wahl für Sie zu treffen. Ihre Übung ist wahlfrei, ohne bewusst ausgewählten Inhalt oder irgendein Objekt Ihrer direkten oder indirekten Aufmerksamkeit, wie etwa dem Atem.

Wenn Meditierende mir berichten, sie wüssten nicht, worauf sie achten sollen, dann sage ich ihnen oft, die Wahlfreie Bewusstheit sei etwa so, als hörten sie einem Symphonieorchester zu, das klassische Musik spielt. Vielschichtige Töne von einer großen Bandbreite von Instrumenten tauchen gleichzeitig auf. Hört man genau zu, dann dominiert manchmal der Klang eines bestimmten Instruments oder eines einzelnen Registers des Orchesters. Manchmal hören Sie den Klang einer einzelnen Violine oder eines Cellos und dann sehr bald wieder den Zusammenklang von vielen Tönen. Sie hören, was Sie hören: vielleicht schöne und beruhigende Melodien, vielleicht kakophonische und unangenehme Klänge. Wenn Sie Klavier oder Schlagzeug spielen, dann stellen Sie sich vielleicht ganz natürlich auf diese Klänge ein. Und während Sie zuhören, erhaschen Sie gelegentlich vielleicht einen Moment der Stille.

Wenn Sie eine Symphonie anhören, umfasst Ihre Aufmerksamkeit manchmal vielleicht das gesamte Orchester und ist zu einer anderen Zeit ganz eng auf ein einzelnes Instrument konzentriert. Dasselbe gilt für Ihre Übung der Wahlfreien Bewusstheit: Der Schlüssel dazu ist, wach zu bleiben, während sich das Leben entfaltet. Sind Sie in der Lage, die ganze Show zu genießen?

Klares und präzises Sehen ist eine Kunst: die Kunst der reinen Beobachtung. Wie können Sie den Staub vom Spiegel wischen, sodass er die Dinge klar widerspiegelt? Ein wichtiger Teil Ihrer Übung besteht darin, auf die Qualität des beobachtenden Geistes zu achten. Die Lehren Buddhas betonen die drei Geistesgifte – Gier, Hass und Verblendung –, die Ihre Sicht von sich selbst und anderer wirkungsvoll und oft gnadenlos einfärben. In der Übung Wahlfreier Bewusstheit sehen Sie diese Defekte im Spiegel und dadurch, dass Sie diese sehen, werden sie abgeschwächt. Wie Sie bereits gehört haben, verringert die Energie des Sehens die Energie all dessen, was sie berührt, selbst die machtvollen Energien der drei Geistesgifte. Ein jeder von Ihnen besitzt das Potenzial, Bewusstheit zur Schwächung der Geistesgifte zu benutzen und vielleicht sogar den ganzen Staub von Moment zu Moment wegzuwischen.

In meiner Praxis fühlt sich die Wahlfreie Bewusstheit am ehesten wie mein Heimathafen an. Eine bestimmte Unterweisung Buddhas, das *Bahiya Sutta* (Udana 1.10), ist ein inspirierender Führer zu dieser Art von Übung. Als Bahiya, „der in Rinde Gekleidete", den Buddha verzweifelt und nachdrücklich um eine befreiende Unterweisung bat, antwortete der Buddha sinngemäß so:

> Dann, Bahiya, solltest du dich folgendermaßen üben:
> Beim Sehen gibt es nur das Gesehene.
> Beim Hören gibt es nur das Gehörte.
> Beim Empfinden gibt es nur das Empfundene.
> Beim Denken gibt es nur das Gedachte.
> Dann, Bahiya, wirst „du" nicht existieren.
> Und wenn „du" nicht existierst, bist du weder in dieser
>   Welt noch in einer anderen Welt, noch dazwischen
>   aufzufinden.
> Dies, nur dies, ist die Beendigung des Leidens.

Wenn Ihr Geist eine Erfahrung einfach so betrachtet, wie sie ist, ohne ihr etwas hinzuzufügen – so lehrt der Buddha –, dann sind Sie nicht von dem definiert, was Sie erfahren. Es gibt kein „Ich" oder „Sie" in Beziehung zu dieser Erfahrung. Tatsächlich gibt es da überhaupt keine Empfindung eines „Ichs". Die gesamte konditionierte Erfahrung ist einfach nur Sehen, Hören, Riechen, Schmecken, Berühren und Denken. Schließlich gibt es da kein „Ich" mehr, das sieht – nur noch *Sehen*. Totale Aufmerksamkeit. Die Energie des Sehens wirkt wie eine Flamme, die allem, was davor auftaucht, die Kraft raubt. Oder wie mein Zen-Lehrer Seung Sahn Sunim es so knapp zusammenfasste: „Mache kein Ding!"

Wenn sich diese Übung der Wahlfreien Bewusstheit entwickelt, dann öffnet sich der Geist für eine Ebene des Bewusstseins jenseits des Denkens. Sie geht allem Denken voraus und ist von unendlicher Tiefe. Alle Stille und jeglicher innere Frieden, den Sie sich jemals wünschen könnten, sind bereits in Ihnen vorhanden. In einem jeden von Ihnen. Aber erst wenn Ihre Praxis sich entwickelt, machen Sie sich damit vertraut und vertrauen Sie darauf. Oft wird das Wort *Stille* zur Beschreibung dieses Zustands verwendet. *Stille* ist ein unscheinbares Wort, das leicht misszuverstehen ist. Es ist außerdem unzutreffend, da es etwas zu beschreiben versucht, wofür es kein Wort gibt. Auch hier müssen wir uns wieder der Begrenztheit von Worten bewusst sein. Der Zen-Spruch „Du liegst falsch, sobald du den Mund aufmachst!" trifft hier ins Schwarze. Aber wir müssen trotzdem Worte gebrauchen – wie auch die umfangreichen Schriften der Zen-Meister zeigen!

Die Leute reagieren unterschiedlich auf das Wort *Stille*. Vielen von Ihnen ist es unheimlich. Da Sie so wenig an Stille gewöhnt sind, wissen Sie diese manchmal nicht zu schätzen. Oder Sie halten sie für ein bloßes Nichts. Sie denken unwillkürlich, Stille sei eine Zeitverschwendung oder eine Abweichung vom „echten" Leben. Schließlich hat man Sie dazu erzogen, zu planen, zu machen, etwas zu erreichen, voranzugehen. Davon wird der größte Teil des konventionellen Lebens angetrieben.

Lassen Sie sich aber bitte nicht von der Missachtung des Bedürfnisses nach der kontemplativen Dimension des Lebens in unserer Kultur irreführen. Stille ist eine energiegeladene, subtile und verfeinerte Form der Existenz. Sie ist unzweifelhaft immens und überquellend von Leben. Für manche Menschen ist diese ungeheure offene Weite erschreckend. Wenn Sie diese Furcht erleben, bemerken Sie vielleicht, dass der Geist herauszufinden versucht, was es mit dieser Stille auf sich hat – so wie er Ihr ganzes Leben lang versucht hat, die Dinge zu verstehen. Doch diese mentalen Anstrengungen oder Analysen sind der Kuss des Todes. Sie töten die Stille, denn wie könnte das *Denken* die *Abwesenheit von Denken* verstehen? Der denkende Geist schlussfolgert, dass Stille dort ist, wo sie nicht ist, und beansprucht deren Platz für sich.

Wenn Sie bemerken, dass der Geist ganz natürlich in die Stille eindringt, können Sie diese dann auf sich wirken lassen, ohne dass Sie analysieren oder reagieren? Verweilen Sie einfach in der Stille.

Heutzutage tritt Stille für die meisten Menschen erst dann ein, wenn der Fernseher ausgeschaltet wird, der Kühlschrank aufhört zu brummen und Ruhe im Haus herrscht. „Uff, endlich kann ich mich einfach nur hinsetzen und eine Tasse Tee trinken." Vielleicht empfinden Sie die Stille auf einer ruhigen Straße in der Stadt oder auf dem Lande. Gewiss ist sie zu finden, wenn Sie einen Ort aufsuchen, wo niemand spricht, etwa ein Retreatzentrum. Doch wie viele von Ihnen bereits erfahren haben, kann der Geist selbst an einem Ort totaler Stille hektisch, wild und voller Geräusche der Verwirrung und Angst sein.

Selbst in einer Meditationshalle entwickelt sich die innere Stille nur ganz langsam. Die Wissenschaft sagt uns, dass es zu dieser Ebene der Stille kommt, wenn wir einschlafen und in jene Dimension eintreten, die *traumloser Schlaf* oder *Tiefschlaf* genannt wird. Warum ist es zu dieser Zeit und an diesem Ort so still? Weil der große Krachmacher – der Problemerzeuger, nämlich *Sie* – nicht vorhanden ist. Und eben deshalb fühlen Sie sich am Morgen erfrischt.

Doch jeder von Ihnen ist in der Lage, auch im Wachzustand Zugang zu dieser Eigenschaft zu gewinnen. Die Meditation ist dazu gedacht, Sie an diesen Ort zu führen. Vielleicht sollten wir Meditation den Prozess des „Einwachens" nennen.

Diesen stillen Geist kennenzulernen ist eines der Hauptelemente, leben zu lernen; es ist eine Fertigkeit, die in den buddhistischen Lehren häufiger als Weisheit bezeichnet wird. Auch wenn er unmöglich zutreffend zu benennen ist, haben die verschiedenen Traditionen viele Namen für diesen Zustand: Stille, der ursprüngliche Geist, unser wahres Wesen, die Buddha-Natur, ursprüngliche Wachheit, Erleuchtung. Manchmal wird Erleuchtung auch „die große Stille" genannt. Noch einmal: Es gibt kein angemessenes Wort und keinen treffenden Ausdruck dafür. Ich verwende gern den Ausdruck „engagierte Stille", weil er daran erinnert, dass es den stillen Geist nicht nur in der Meditationshalle gibt. Natürlich wird er dort zuerst erkannt, gewürdigt und genährt, aber er gedeiht auch durch sein Engagement in der Welt.

Viele Konzentrationsübungen helfen Ihnen, sich für die Stille eines stillen Geistes zu öffnen. Der Buddha bot Übungen wie die Jhanas als Methoden zum Erlangen tiefer innerer Zustände an und forderte zu solchen Übungen auf. Aus eigener Erfahrung weiß ich, dass diese Übungen tiefer Versenkung zu außerordentlichem Frieden und großer Freude führen und das kontemplative Leben sehr bereichern können. Manche Menschen sind besonders für die Übung derartiger Versenkung begabt, und sie wird von Meistern ebenso wie von Schülern verwendet.

Dies ist jedoch nicht der Ansatz, den zu üben ich Sie hier auffordere. In der Praxis der Wahlfreien Bewusstheit wird nicht die Stille eines auf einen Punkt fokussierten konzentrierten Geistes entwickelt. In einem solchen Zustand wird der Geist von seiner eigenen Stille aufgesogen und zeitweilig werden alle mentalen Fabrikationen außer Kraft gesetzt. Mit der engagierten Stille jedoch engagieren Sie sich in der Fülle Ihres Lebens, wie Sie es tatsächlich leben, ob Sie nun auf dem Kissen oder einem Stuhl sitzen oder sich in Ihrem Alltagsleben befinden.

Wenn Sie Zugang zu dieser hoch entwickelten, sehr lebendigen Form des Lebens gewinnen, die ich Stille und engagierte Stille nenne, dann entwickeln Sie vielleicht eine Vorliebe, vielleicht sogar eine Leidenschaft für die Stille. Durch die Übung Wahlfreier Bewusstheit sind Sie immer mehr in der Lage, in dieser Stille und aus dieser Stille zu leben.

Die Tiefe der Stille, von der ich spreche, ist genau hier vorhanden, eben jetzt, während Sie diese Worte lesen. Sie lebt ganz tief im menschlichen Herzen. Aber sie ist auch unglaublich scheu. Wenn Sie nach ihr verlangen, flieht sie. Sie können nicht durch Denken in sie eintreten. Sie können nicht durch Fühlen in sie eintreten. Sie können sie nicht herbeizitieren, nach ihr verlangen oder planen, sie zu erlangen. Doch wenn Sie sie lieben, wenn Sie für sie offen sind, dann beginnt sie zu Ihnen zu sprechen und wird ungemein heilsam und hilfreich. Wie gelangt man in diese Stille? Nicht, indem man versucht, sie zu erlangen, denn das führt nur zu Frustration und Enttäuschung.

Die Stille versteckt sich in Ihrem Herzen. Sie will nicht herumkommandiert werden und möchte nicht, dass man ihr sagt, wann sie aufzutreten hat. Doch wie bei allem anderen können Sie mit einiger Übung lernen, sich der Stille hinzugeben, sodass die Stille einfach nur Stille ist. Sie benutzen Sie nicht, um irgendwohin zu gelangen, nicht einmal dazu, das Leiden zu verringern, auch wenn es zu tiefer Heilung kommt, sobald diese Stille aktiviert wird. Ich habe bemerkt, dass ich freundlicher zu anderen Menschen bin, wenn ich aus längeren Perioden des Verweilens in dieser Form der Stille aufgetaucht bin. Ich strebe das nicht absichtlich durch meine Praxis an. Es scheint einfach ein natürliches Nebenprodukt zu sein. Zu meiner Überraschung haben andere dies bereits vor mir bemerkt.

Sie erreichen die Stille, indem Sie das Unterholz entfernen, indem Sie Ihre Voreingenommenheiten entfernen, die so ohrenbetäubend sind, dass Sie nicht einmal wissen, dass die Stille bereits vorhanden ist. Sie gehört zu Ihrer Natur. Wenn Sie weiterhin die Kunst des Beobachtens üben und die Gedanken sowie die Stimmungen kommen und gehen sehen, dann leert der Geist sich von selbst von seinen Inhalten. Sie finden sich selbst in der Stille wieder, die schon immer da war.

Fallen all die Gedanken weg, all die Vorlieben und Abneigungen sowie all das, was Sie für Ihr „Ich" halten – und sei es nur für eine Minute oder zwei –, dann entdecken Sie, was sich in Ihrem Inneren befindet. Während einiger formeller Meditationsperioden mag sich diese Bewusstheit über mehr als bloß einige Minuten hinaus ausdehnen. Sie kann sogar manchmal zu Ihrem Wohnort werden. Sie erkennen, dass sie etwas unendlich Weites und Lautloses und Ganzes ist. Sie sehen, dass sie nicht dort droben oder da draußen ist, sondern dass Sie „es" sind.

Stille oder engagierte Stille ist unsere große noch unerschlossene Ressource. Ohne sie sind Sie weit davon entfernt, Ihr volles Potenzial zu leben. Doch bei fortlaufender Praxis strahlt Ihr Leben mehr und mehr aus diesem Bereich der klaren Bewusstheit aus. Wenn das Sehen sehr klar und still wird, dann geschieht das, weil „Sie" verschwunden sind. Der große chinesische Dichter Li Bo hat dies wundervoll zum Ausdruck gebracht:

Die Vögel verschwanden ins weite Firmament,
Und jetzt vergeht auch noch die letzte Wolke.
Wir sitzen beisammen, der Berg und ich,
Bis nur noch der Berg zurückbleibt.*

Li Bo ist nicht etwa aufgestanden und hat sich aus der Berglandschaft entfernt. Sein ichbewusster Geist hat ihn verlassen! Er beschreibt einen Geist, der aufgehört hat, Ideen, Gedanken, Gefühle und Bilder zu produzieren. In seinem Fall, so könnten wir sagen, ruft er nicht länger aus: „Seht nur, welch wundervolle Aussicht. Ich bin so glücklich, hier sein zu können. Ich kann ein Gedicht über diese Szene schreiben, und man wird sich ewig daran erinnern. Vielleicht wird es sogar in eine Gedichtanthologie aufgenommen."

Nichts von dem chronischen Geplapper des Geistes ist geblieben. Das Gedicht deutet an, dass das Ichbewusstsein des Dichters von ihm abgefallen und nur noch das klare Sehen zurückgeblieben ist.

• • • • •

F: Ich versuche immer noch, besser zu verstehen, was Sie mit den Ausdrücken „engagierte Stille" oder „Wahlfreie Bewusstheit" meinen.

A: Lassen Sie mich eine Geschichte erzählen, die ich von Aoyama Roshi gehört habe, einer wundervollen Zen-Lehrerin und Tee-Meisterin, mit der ich einige Stunden verbracht habe, als sie die Vereinigten Staaten besuchte. Als Aoyama eine junge Nonne in Japan war, sagte die Äbtissin ihres Klosters einmal: „Der Mund einer Nonne sollte sein wie ein Ofen." Zu jener Zeit meinte Aoyama, dieser Satz bedeute, eine Nonne solle der klösterlichen Tradition folgen, das zu essen, was einem vorgesetzt wird. Wenn der Mund

---

* Übersetzt nach Sam Hamill, Li Po „Zazen on Ching-t'ing Mountain", aus *Crossing the Yellow River: Three Hundred Poems from the Chinese,* Rochester, New York (BOA Editions Ltd.) 2000. Abdruck mit freundlicher Genehmigung von *The Permissions Company, Inc.,* stellvertretend für *The Tiger Bark Press,* www.tigerbarkpress.com.

die Nahrung ohne Unterscheidung aufnimmt, dann ist er wie ein Ofen, der das verbrennt, was man in ihn hineinwirft, ob es nun Scheite von großer Qualität oder Dornenzweige sind.

Erst später erkannte sie, dass die Unterweisung der Äbtissin eine tiefere Ebene betraf: den „Mund" des eigenen Lebens. Sie lehrte ihre Schüler das Sitzen in offener Bewusstheit. Ja, der Ofen verbrennt, was auch immer man in ihn hineinwirft. Aber er erzeugt auch Hitze, die thermische Energie, die es den Menschen ermöglicht, ihre Nahrung zu kochen und sich warmzuhalten. Mit anderen Worten: Er transformiert Holz in heilsame Elemente.

Wie ich bereits gesagt habe, ist „Bewusstheit" nicht nur ein Wort. Es ist die verbale Bezeichnung der Eigenschaft der äußerst verfeinerten Energie des Sehens. Diese Energie hat kein Gewicht und keine Farbe, man kann sie nicht greifen. Doch wenn die Wirksamkeit des beobachtenden Geistes zunimmt, ist er wie ein Ofen. Berührt die Energie des Sehens die Energie, die man „Angst" oder „Einsamkeit" nennt, dann vollzieht sich eine wundervolle Alchemie.

Vipassana-Meditation ist eine Praxis, die allmählich Ihr Vermögen erweitert, all das, was auftaucht, ohne Urteile oder Vorlieben zu empfangen. Sie sind dafür gegenwärtig, weil es da ist; nichts wird verworfen, nichts ist trivial. Sie lernen, sich mit allem Holz anzufreunden, das in den Ofen geworfen wird. Wenn Sie ganz und gar bei dem sind, was im gegenwärtigen Moment geschieht, dann kommt es zu einer befreienden Transformation. Eben deshalb ist es eine Dharma-Praxis. Dies ist Wahlfreie Bewusstheit in Aktion.

Kommen wir jetzt zu dem Ausdruck „engagierte Stille". Ich habe diesen Begriff geprägt, um zu beschreiben, dass der Geist selbst inmitten der verbalen und körperlichen Aktivitäten, mit denen man es im täglichen Leben zu tun hat, still und klar sein kann – das ist, mit anderen Worten, offene Bewusstheit.

● ● ● ● ●

F: Ich bin kein Anfänger in der Meditation. Aber ich frage mich, was ich in meiner Übung tun soll, wenn ich die große Stille, von der Sie sprechen, nicht erfahren kann.

A: Kümmern Sie sich einfach nur um den gegenwärtigen Augenblick. Das ist es. Beobachten Sie den Geist, um zu sehen, was tatsächlich geschieht, und nicht um zu erlangen, was Ihrer Meinung nach geschehen *sollte*. Wenn Sie das Leben im Augenblick erfahren, wird der Tag kommen, an dem Sie sich in der Stille wiederfinden.

Meine Anleitungen und Methoden sind darauf ausgerichtet, Ihnen zu helfen, dies geschehen zu lassen. Mir scheint, dass Sie sich womöglich enttäuscht oder frustriert fühlen, weil Sie so etwas wie diese Stille noch nicht geschmeckt haben. Es ist unvermeidlich, dass wir Dharma-Lehrer neue Ideale liefern, und aus diesen Idealen entstehen womöglich neue Formen des Anhaftens und Strebens. Wir geben Ihnen damit eine neue Form des Leidens! Wenn so etwas passiert, gehen Sie in die falsche Richtung. Es ist besser, wenn Sie das Leben sich entfalten lassen und mitten darin wach und gegenwärtig sind. Dann werden Sie nicht enttäuscht sein.

Das klare Sehen setzt eine natürliche Dynamik in Gang. Es ist Selbsterkenntnis in Aktion. Wenn sich herausstellt, dass Sie aufgrund von spirituellem Streben oder Zweifeln leiden, dann betrachten Sie das einfach. Es ist ja schließlich das, was im Augenblick geschieht.

• • • • •

F: Sie sprechen oft von „Selbsterkenntnis". Ist dies so etwas wie die Tugend der Selbsterkenntnis, von der Philosophen wie Sokrates sprechen, oder ist es ein Dharma-Begriff?

A: Mit Selbsterkenntnis ist oft eine Ansammlung von Einsichten und Informationen gemeint. Aber Selbsterkenntnis bedeutet nicht, dass Sie über sich selbst Daten sammeln oder ein Buch schreiben sollen – eine Biografie Ihres Wachstums und Ihrer Einsichten. Ganz im Gegenteil. So wie der Begriff hier verwendet wird, ist Selbsterkenntnis nur in einem gegebenen Moment gültig. Sie lernen, klar und unmittelbar zu sehen, und aus dem klaren Sehen ergibt sich Selbsterkenntnis. Wird der Prozess immer mehr verfeinert, dann können Sie Sehen und Erkennen nicht voneinander trennen.

Selbsterkenntnis ist die Pforte zu Weisheit und Freiheit. Sie bewahren sie nicht als Grundlage für das Sehen im nächsten Moment auf, denn dann wäre sie nicht mehr frisch. Deshalb wird Ihnen geraten, während der Dharma-Darlegungen oder in den Retreats keine Notizen zu machen. Hören Sie einfach nur, oder sitzen und gehen und erkennen Sie! Selbsterkenntnis geschieht in der aktiven Gegenwart. Das ist ihr Wert. Punkt.

• • • • •

F: Ist es möglich, einen Zustand der Stille oder Wahlfreien Bewusstheit zu erreichen und trotzdem intellektuelle Denkprozesse zu verwenden?

A: Das ist eine gute Frage. Lassen Sie mich etwas indirekt antworten. Meditierende wissen bereits seit Jahrhunderten um die Plastizität des Gehirns – dass während des ganzen Lebens weiterhin Gehirnzellen wachsen. Sie haben die Wahrheit des grenzenlosen Geistes erkannt und dass unsere gewöhnliche Vorstellung vom „Leben" ziemlich beschränkt ist. Heute schließen auch die Neurowissenschaftler dazu auf und bestätigen, dass wir nur einen kleinen Bruchteil unseres Gehirns nutzen.

Ein Geist, der klar ist – der sich also nicht ins Denken verloren hat –, sieht dieselbe alte Welt, aber nicht durch dieselben alten Augen. Zu einer meiner tiefsten Einsichten kam es, als ich ein Yellow Cab anschaute. Mein Geist war sehr still und ich brach in Tränen aus. Ich hatte plötzlich erkannt, warum man es ein Yellow Cab nennt – weil es *gelb* ist. Es war so unglaublich gelb, dass mein Herz vor Freude aufbrach.

Mit der Meditation öffnen Sie sich für eine neue Dimension des Lebens. Sie fragen mich, ob Sie an diesem Ort leben können. Kann dieser Ort der Stille – der vor dem Denken liegt – sich selbst ausdrücken, kann er Ihr Tun durchtränken, wenn Sie denken und reden und handeln müssen? Die Antwort ist: Ja. Aber es verlangt Übung und Geschicktheit, um zu lernen, an diesem Ort zu leben.

Wenn ich mich auf eine Dharma-Darlegung vorbereite, gehe ich in die Stille. Für mich ist Stille eine bessere Vorbereitung, als Notizen oder einstudierte Formulierungen es sind. Der Zen-Meister Seung Sahn hat mich darin geschult; er bestand darauf, dass ich niemals Notizen benutzte, um den Dharma zu lehren. Ich sollte vielmehr, wie ein Jazzmusiker, ein Thema wählen und dann einfach „loslegen". Gewöhnlich funktioniert das ganz gut, allerdings nicht immer. Als ich einmal einen Vortrag über die Vier Edlen Wahrheiten hielt, waren viel Frische und Spontanität vorhanden – aber ich ließ eine der Wahrheiten aus. Bei einer anderen Gelegenheit wollte ich vor etwa 100 Menschen in der Meditationshalle eine Darlegung ohne ein vorgegebenes Thema geben. Ich saß ziemlich lange da und nichts tauchte auf – außer Beklemmung. Also beobachtete ich die Beklemmung, und daraus entstand eine Dharma-Darlegung über Beklemmung.

Bitte verstehen Sie, dass ich Ihnen nicht raten will, die großartigen Fähigkeiten des Geistes – wie etwa die Fähigkeit zu denken, zu hinterfragen, zu analysieren oder zu entwerfen – zu verwerfen. Sie verschwinden nicht. Aber durch die Stille können sie von einer anderen Energie aufgeladen werden.

Innerhalb der unendlichen Tiefe der Stille sind Worte irrelevant. Wenn jedoch Worte notwendig sind, dann tauchen sie aus der Intelligenz auf, die in der Leere des inneren Friedens aktiviert wird.

• • • • •

F: In Büchern über den Dharma ist oft von Vorstellungen und Überzeugungen in Hinsicht auf die Wiedergeburt die Rede. Können Sie uns vielleicht sagen, ob Sie an die Wiedergeburt glauben?

A: Wenn man in einer Kultur aufgewachsen ist, die seit Tausenden von Jahren an die Wiedergeburt glaubt, wie etwa in Tibet oder Thailand, ist die Antwort offensichtlich. Ich habe wundervolle tibetische Lehrer getroffen, die mich etwas mitleidig angesehen haben, wenn ich sagte, ich wisse nicht, was ich von Wiedergeburt halten solle. Andererseits mögen viele gelehrte Wissenschaftler Sie ansehen, als hätten Sie nicht mehr alle Tassen im Schrank, wenn Sie dieses Thema ansprechen. Alles, was ich sagen kann, ist, dass ich für die Idee offen bin, aber ehrlich gesagt: *Ich weiß es nicht!* Glauben Sie an Wiedergeburt?

F: Ich habe keinen blassen Schimmer. Das geht weit über meinen Horizont hinaus. Sind Sie nicht beunruhigt oder beängstigt, weil Sie es nicht wissen?

A: Nicht wirklich. Für mich ist der berühmte „Weiß-nicht-Geist" ein Ort lebendiger Offenheit, den ich wirklich liebe. Hier ist Nichtwissen nicht einfach ein Mangel an Information, sondern vielmehr eine Empfänglichkeit für die Lehren, die das Leben uns erteilt. Selbst einige Schüler Buddhas vor 2500 Jahren waren sich darüber ebenso im Unklaren wie wir. Jenen Schülern, die ein Leben im Einklang mit den Prinzipien des Dharma führten, schlug der Buddha vernünftigerweise zwei Möglichkeiten vor: Wenn es Wiedergeburt gab, dann waren sie durch ihre Praxis gut darauf vorbereitet. Wenn es keine Wiedergeburt gab, dann hatten sie ein gelungenes Leben geführt. Ich persönlich kann sehr gut mit der Einstellung Buddhas zu diesem Thema leben.

Vor einigen Jahren war überall von Erfahrungen eines Lebens nach dem Tode die Rede. Als ich das hörte, stellte ich eine Frage, die für mich sehr viel wesentlicher war: Gibt es ein Leben *vor* dem Tode? Das ist meine Voreingenommenheit. Mein Verständnis vom Sinn des Lebens ist ziemlich simpel. Ich glaube, das Leben ist dazu da, gelebt zu werden. Das ist alles. Dann stellt sich die Frage: „Wie?" Für mich ist das die eine Frage, die jeder von uns für sich selbst beantworten muss.

· · · · ·

F: Ich habe erfahren, wie wohltuend es ist, ruhiger und bewusster zu werden. Aber ich habe erwartet, dass sich mein Mitgefühl auf andere Menschen ausweitet, und das ist nicht geschehen. Meine Frage ist also: Wann macht Bewusstheit einem größeren Mitgefühl Platz?

A: Es gibt zwei Herangehensweisen an die Frage der Entwicklung von Mitgefühl. Zu dem ersten Ansatz gehört ein ständiges Kultivieren von Mitgefühl oder *Karuna*, die einer der vier *Brahmaviharas*, der „Vier unermesslichen Geisteshaltungen" oder „unergründlichen Tugenden" des Buddhismus ist. Die anderen drei Tugenden sind liebende Güte *(Metta)*, Mitfreude *(Mudita)* und Gleichmut *(Upekka)*. Der Buddha lehrte unter anderem die Anwendung bestimmter Methoden zur Entwicklung und Stärkung dieser Zustände. Viele zeitgenössische Lehrer befürworten die Übung mit diesen Methoden. Ich habe alle vier intensiv praktiziert und sie, ebenso wie zahllose andere Yogis, als äußerst förderlich empfunden.

Die zweite Herangehensweise basiert auf den Lehren des großen indischen Philosophen und Yogi Nagarjuna, der manchmal der Zweite Buddha genannt wird. Sie ergibt sich direkt aus den Lehren Buddhas, auch wenn Nagarjuna sie erst Jahrhunderte nach ihm entwickelt hat. Womöglich möchten Sie Ihr Mitgefühl oder Ihre liebende Güte vergrößern, und das geschieht nicht so schnell, wie Sie es sich wünschen. Sie sehnen sich danach. Doch bei diesem Ansatz versuchen Sie nicht, ein Ideal zu verfolgen und wie Mutter Teresa oder Mahatma Gandhi zu werden; Sie beobachten vielmehr die Momente, in denen Sie wie Stalin oder Hitler sind. Mit anderen Worten: Sie sehen klar, wann Sie hart, verurteilend, unnachsichtig, böswillig und von mörderischer Wut erfüllt sind. Oder Sie beobachten Ihre akute Enttäuschung darüber, dass Sie nichts mit Mitgefühl anfangen können.

123

Warum? Weil Sie eine Eigenschaft nicht dadurch erlangen, dass Sie danach streben. Beginnen Sie damit, ihr Fehlen zu sehen. Vielleicht sprechen Sie boshaft zu Ihrem Partner. Dann machen Sie sich selbst schwere Vorwürfe und schwören, dass Sie eine freundlichere, sanftere Person werden wollen. Ich schlage vor, dass Sie stattdessen sehen, wie hart Sie zu sich selbst sind – denn es ist sehr wahrscheinlich, dass Sie ebenso hart mit anderen umgehen. Das ist Selbsterkenntnis in Aktion. Wenn sie sich entwickelt, erkennen Sie vielleicht, dass Mitgefühl bereits vorhanden ist und auf Sie wartet. Es ist nicht etwas, das Sie kultivieren und wachsen lassen müssen.

Die erste beschriebene Methode ist eine Praxis der Kultivierung, die zweite ist eine Praxis reiner Beobachtung. Meinen Sie aber bitte nicht, dass es in Hinsicht auf diese Herangehensweisen ein Entweder-oder gibt oder dass die eine der anderen überlegen ist. In diesem Buch und in den meisten meiner Lehren befürworte ich die direkte Beobachtung und das Lernen, das sich daraus ergibt. Aber ich lehre auch das Kultivieren der wundervollen menschlichen Eigenschaften der Brahmaviharas, wenn ich den Eindruck habe, dass dies für einen bestimmten Yogi förderlich ist.

• • • • •

F: Können Sie eine Beziehung zwischen der Entwicklung von Weisheit und Mitgefühl und der Praxis der Wahlfreien Bewusstheit herstellen?

A: Manchmal wird die Lehre Buddhas mit einem Vogel und seinen beiden Flügeln verglichen: Weisheit und Mitgefühl. In Wahrheit sind diese ein und dasselbe – sie sind nicht voneinander zu trennen! Weisheit ist nicht echt ohne Mitgefühl, und Mitgefühl ohne Weisheit ist gefährlich. Der Dalai Lama spricht vom „Idiotenmitgefühl", wenn er den Versuch beschreibt, ohne Weisheit zu einem „guten Menschen" zu werden. Oft geht diese Art von idealisiertem Gutsein nach hinten los und richtet Schaden an. Wenn Sie in die Wahlfreie Bewusstheit oder engagierte Stille eintreten, finden

Sie etwas Geheimnisvolles: In dieser Stille gibt es eine organische Intelligenz. Vielleicht bin ich ja verblendet und womöglich haben Tausende Jahre der Lehre diese Verblendung für viele Buddhisten verewigt, aber ich habe mit eigenen Augen gesehen, dass diese organische Intelligenz, die aus der Stille erwächst, das umfasst, was wir Mitgefühl und Liebe nennen.

Letztlich ist Meditation eine Explosion von Mitgefühl und Liebe. Wenn Sie das nicht fühlen, läuft vielleicht etwas schief mit Ihrer Praxis. Ich spreche hier nicht von sentimentalen oder romantischen Gefühlen. Diese Liebe ist eine reale und mächtige Energie, eine Kraft im Universum, die so stark ist wie der Tod und so universell wie das Gesetz der Schwerkraft. Ihre kulturelle Prägung macht Ferien. Sie gelangen zu der bemerkenswerten Entdeckung, worum es im menschlichen Leben wirklich geht. Aus diesem Grund widmen Menschen dieser Praxis ihr Leben.

ZWEITER TEIL

LEBENDIGE BEWUSSTHEIT

4. Bewusstheit im Alltag

Wache ständig über den Geist, so wie Eltern über ein Kind wachen. Bewahre ihn vor seinen Dummheiten und lehre ihn, was richtig ist.

Es ist falsch zu glauben, man hätte in bestimmten Momenten keine Gelegenheit zu meditieren. Sie müssen sich unablässig darum bemühen, sich selbst zu erkennen; das ist so unverzichtbar wie das Atmen, das in sämtlichen Situationen weitergeht.

Wenn Sie bestimmte Aktivitäten nicht mögen ... und sie als Gelegenheit zur Meditation abschreiben, dann werden Sie niemals lernen, wach zu sein.

AJAHN CHAH

Wir haben unsere gesamte Aufmerksamkeit bisher auf die Übung von Bewusstheit in den formellen Meditationshaltungen konzentriert. Doch diese machen für die meisten von Ihnen nur einen kleinen Bruchteil ihres Lebens aus. Sie stehen irgendwann von Ihrem Sitz auf und bekommen es mit dem zu tun, was Sie erwartet – und das ist „bloß" der Rest Ihres Lebens. Sie ziehen Ihre Kinder groß, besuchen Vorlesungen und Kurse, Sie reisen und Sie arbeiten bis spät in die Nacht. Sie erleben Erfolge und Niederlagen, Sie gehen Beziehungen ein und beenden sie wieder, Sie gedeihen bei guter Gesundheit und leiden, wenn Sie krank sind. Nichts bleibt Ihnen von dem Inhalt Ihres Hier und Jetzt erspart – rein gar nichts!

Können die kontemplativen Fertigkeiten, die Sie erlernt haben, Ihnen im Bereich der alltäglichen Erfahrungen helfen? Welche Rolle spielt das bewusste Atmen bei alldem? Kann eine Dharma-Praxis von Moment zu Moment zu einer Lebensweise werden, statt auf Situationen in einem geschützten Rahmen beschränkt zu bleiben?

Natürlich lautet die Antwort: Ja! Bewusstheit und Einsicht lassen sich überall dort entwickeln, wo Sie sich gerade befinden, ob Sie nun in einem Bus sitzen, einen Telefonanruf beantworten oder eine globale Konferenz im Internet leiten. Es kommt nicht darauf an, wo Sie gerade sind, sondern vielmehr auf die Qualität Ihres Geistes und auf Ihr Interesse am Lernen. Wenn das allerdings stimmt, warum sollte man dann Meditationshallen und Retreatzentren aufsuchen? Und warum sollte man jeden Tag einige Zeit dem Sitzen in Stille widmen und auf dem Kissen Praktiken wie die Atembewusstheit und die Wahlfreie Bewusstheit entwickeln?

Ich möchte eine traditionelle Geschichte aus der Überlieferung des Soto-Zen erzählen und sie mit den Augen eines Vipassana-Yogi betrachten, um zu sehen, welches Licht sie auf die Übung im Alltag wirft. Der Lehrer ist Dogen, einer der großen japanischen Meister des Soto-Zen, und die Geschichte stammt aus seinen „Unterweisungen für den Koch". Katagiri Roshi, einer meiner eigenen Lehrer, gab mir diesen Text vor vielen Jahren, und ich habe ihn seither stets als sehr hilfreich empfunden.

Als junger Mönch war Dogen mit dem, was er in Japan lernen konnte, nicht zufrieden und reiste deshalb nach China, um sich in diesem Teil der Welt im Chan (jap. Zen) zu schulen. Als sein Schiff in dem chinesischen Hafen anlegte, beobachtete Dogen einen alten chinesischen Mönch, der an Bord gekommen war, um japanische Pilze zu kaufen. Als er hörte, wie dieser Mann mit dem Kapitän sprach, erkannte Dogen, dass er kein gewöhnlicher Mönch war.

Wie Dogen bald herausfand, war dieser Mönch der Tenzo, der Chefkoch des Klosters. In den großen chinesischen Zen-Klöstern waren der Einkauf und die Zubereitung des Essens eine sehr anspruchsvolle Aufgabe, die enorme Fertigkeiten verlangte. Die Praxis dieses Tenzo war offensichtlich bereits sehr gereift. Da Dogen sich mit ihm anfreunden wollte, trat er an ihn heran und fragte (ich werde das Gespräch hier paraphrasieren): „Kann ich Sie zu einem Essen und einem Tee einladen? Lassen Sie uns über die Feinheiten des Dharma diskutieren."

Der alte Mann antwortete: „Nein, dazu habe ich keine Zeit. Ich muss zurück in mein Kloster gehen. Dort gibt es gerade eine Feier und ich habe einige japanische Pilze für ein besonderes Mahl besorgt, das die Mönche erfreuen soll."

Enttäuscht sagte Dogen: „Muss das denn wirklich sein? Können Sie nicht bleiben und den Dharma mit mir diskutieren?" Im Grunde sagte Dogen zu dem Tenzo: „Jetzt haben Sie die Gelegenheit, den Dharma mit mir zu diskutieren, und Sie wollen zurückgehen, um zu *kochen?*"

Schließlich sagte der alte Mönch: „Sie verstehen den Dharma offenbar nicht wirklich, nicht wahr? Sie haben nicht die geringste Ahnung." Und er ging davon.

Der Mönch sagte Dogen damit, dass er, wie so viele von uns, einen Unterschied machte zwischen dem, was er den „Dharma" nannte, und dem, was für ihn der „Alltag" bedeutete. Was Dogen von dem Mönch lernte, war, dass die Praxis und das Leben ein und dasselbe sein können.

Auch in den frühesten Lehren Buddhas werden die Praxis und das Leben als Einheit beschrieben. Das ist in den Suttas immer wieder der Fall, wenn der Buddha die oft wiederholte einfache Aussage macht: „Seid achtsam, während ihr sitzt, steht, geht und liegt." Ich habe bereits über die formelle Übung in diesen vier Körperhaltungen gesprochen. Doch man übersieht leicht ihre allgemeinere Bedeutung. Wenn wir *sitzen, stehen, gehen, liegen* hören, mag sich das langweilig anhören. Sagen Sie uns doch etwas Interessantes! Aber Ihr ganzes Leben wird in einer dieser vier Körperhaltungen oder im Übergang von einer zur anderen gelebt.

Mit dieser Unterweisung sagt der Buddha Ihnen, dass Sie in Ihrem Leben durchgängig achtsam sein sollen. Was ich hier schreibe, ist einfach nur eine Erweiterung und Ausschmückung dieser Idee. Geschichtlich gesehen, lebten die ersten Männer und Frauen, die sich in den frühen Jahren der Lehrtätigkeit Buddhas in Indien bei ihm schulten, nicht in Klöstern. Sie wanderten durch die Natur und lebten im Freien, und der Buddha selbst verbrachte den größten Teil seines Lebens im Wald. Zu einem späteren Zeitpunkt in seinem Leben versammelten sich viele Menschen um den Buddha, um gemeinsam zu praktizieren – aber auch dies nur während der drei Monate dauernden Regenzeit; für den Rest des Jahres gingen sie wieder auseinander.

Als die Lehren Buddhas sich von Indien nach China ausbreiteten, versuchten die Chinesen zuerst, es den Indern gleichzutun. Doch in China herrschten ein anderes Klima und eine andere Kultur. Obwohl einer der Kaiser Chinas die entstandenen Klöster schließen und viele buddhistische Mönche ihre Robe ablegen ließ, überlebte doch die Zen-Schule. Manchmal heißt es, dass die Chinesen die Zen-Mönche verschonten, weil diese ihnen vertrauter waren: Diese Mönche betrieben Ackerbau, kochten und machten sauber. In den Augen des sehr bodenständigen chinesischen Volkes waren die anderen buddhistischen Mönche faul geworden und erwarteten, dass andere für ihren Lebensunterhalt sorgten.

Baizhang, der chinesische Zen-Meister, der großen Einfluss auf die Entstehung der Regeln für das Leben in einem Zen-Kloster hatte, sagte einmal: „Ein Tag ohne Arbeit ist ein Tag ohne Essen." Wenn Sie nicht arbeiten wollen, na gut – aber dann bekommen Sie auch nichts zu essen. Selbst in hohem Alter und kurz vor seinem Tod ging Baizhang weiterhin hinaus, um zu arbeiten, bis seine letzte Stunde gekommen war.

Der Einfluss des Zen erweiterte das Klosterleben in China um den Ackerbau, das Kochen und andere körperliche Arbeiten. Auch Dogen wurde davon beeinflusst. Angesichts der Zustände in den Klöstern in seinem Heimatland Japan war diese Begegnung mit dem chinesischen Tenzo ein Weckruf für ihn, der ihm sagte, dass alles, was wir tun – auch das Kochen oder das Saubermachen in der Küche – Dharma sein kann. Dogens tiefgründige Einsicht beschränkte sich jedoch nicht auf die Arbeiten in einem Kloster. In seinen tieferen Lehren für alle von uns geht es um unsere gesamte Lebensführung.

Die meisten von Ihnen kommen zur Sitzmeditation, weil sie leiden. Wenn Sie völlig zufrieden und glücklich wären und vollkommenen Seelenfrieden besäßen, warum sollten Sie dann nach so etwas wie der Meditation suchen? Wenn Sie diesen Frieden einmal finden und besonders dann, wenn Sie sehen, wie wertvoll er ist, dann reservieren Sie die Zeit dafür an einem geschützten Ort wie einem Retreatzentrum. Und wenn Sie diese besondere Umgebung wieder verlassen, um nach Hause zurückzukehren, dann heißt es im Jargon der Retreat-Kultur oft: „Ich kehre zurück in die wirkliche Welt."

Ich halte das für einen großen Fehler. Es gibt nur *eine* Welt. *Vor* allen meditativen Formen – Vipassana, tibetischer Buddhismus, Zen oder irgendeine andere Schule – gibt es einfach das Leben, das sich in vielfältigen Formen manifestiert. Diese Formen wurden von genialen Menschen entwickelt, die Ihnen helfen wollten, Ihr Leben mit weniger unnötigem Leiden zu leben. Ist eine dieser speziellen Formen hilfreich? Ist sie etwas Besonderes? Ganz gewiss. Aber sie ist auch nichts Besonderes – sie ist eine wertvolle Konvention, die Menschen zusammenbringt, welche ihr Verständnis und ihre Sensibilität vertiefen wollen.

Allerdings sollten Sie sich dessen bewusst sein, dass eine Konvention wie ein Meditations- oder ein Retreatzentrum kein Disneyland ist. Hier werden Sie auch gefordert. In dieser Umgebung gibt es die Aufgaben der Yogis, die Mahlzeiten in einem Retreat und einem Raum voller Menschen, auch wenn diese stillsitzen und schweigen. Doch dies alles bleibt eine Welt, die auf eine ganz bestimmte Weise organisiert ist, um Ihnen zu helfen, bestimmte Geistesqualitäten zu entwickeln. Seit Tausenden von Jahren haben Meditierende entdeckt, dass sich diese Qualitäten leichter während eines Retreats oder durch die Übung der formellen Sitzmeditation entwickeln lassen.

Vor vielen Jahren kam ich einmal früher als gewöhnlich ins Zentrum der *Insight Meditation Society* in Barre, Massachusetts, wo ich lehrte. Bei dieser Gelegenheit entdeckte ich, dass etliche Teilnehmer bereits viele Stunden vor Beginn des Retreats angekommen waren, um sich für die leichtesten Yogi-Aufgaben einzuschreiben. Offenbar war dies eine Tradition bei den dortigen Retreats. Die beliebteste Aufgabe war es, die Bücher in der Bibliothek abzustauben; als unangenehmste Aufgabe galt das Abwaschen in der Küche, da es zu dieser Zeit noch keine Geschirrspülmaschine gab. Ich war erstaunt über diese „Tradition", da ich eine Herangehensweise an die Praxis für selbstverständlich hielt, bei der jede Art von Arbeit, die zum Funktionieren eines Retreatzentrums oder Klosters gehört, als überaus wertvoll angesehen wird. Ich hatte dies gelernt, während ich in Zen-Klöstern in Korea und Japan praktizierte.

Weil ich immer der Ansicht gewesen bin, dass für eine stabile Praxis von Laien, die in der Welt leben, unser Umgang mit den Yogi-Aufgaben ganz entscheidend ist, führte ich in den Retreats, die ich leitete, ein „Gesetz" ein: Die Aufgaben wurden den Yogis nach dem Zufallsprinzip zugeteilt, sodass es keine Gelegenheit zu wählerischer Wahl gab (außer aus medizinischen Gründen). Dies führte anfangs zu einigen dramatischen Konflikten, etwa als einem Kieferchirurgen die Reinigung der Toiletten zugeteilt wurde. Obwohl die Belegschaft sehr beredt versuchte, ihn dazu zu bringen, diese Aufgabe zu akzeptieren, lehnte er das ganz entschieden ab; also schickten sie ihn zu mir. Wir unterhielten uns, und als ich ihn fragte, worum es ginge, sagte er ganz ehrlich und direkt: „Sehen Sie, ich habe nicht so lange Jahre studiert, um dann hierher zu kommen und Toiletten zu putzen. Ich finde es erniedrigend, so etwas zu tun."

Ich wollte mich gar nicht erst auf eine Rechtfertigung einlassen und sagte einfach: „Aber so wird das bei uns nun einmal gehandhabt. Wenn Sie das nicht tun wollen, müssen Sie das Retreat verlassen."

„Na hören Sie mal", antwortete er, „Sie machen wohl Scherze, oder?" „Keineswegs", sagte ich. Ich erklärte ihm, dass es darum ginge, eine Praxis zu entwickeln, die sich weit über das Retreat hinaus als segensreich für ihn erweisen würde. Als ihm klar wurde, dass ich nicht bluffte, nahm er die Arbeit schließlich widerwillig an.

Das Ganze erwies sich als Erfolgsgeschichte – etwas, das man sich im Retreatzentrum heute noch erzählt. Drei oder vier Tage lang hatte der Kieferchirurg mit enormem Widerstand zu kämpfen, weil er die Arbeit als erniedrigend empfand, doch er beobachtete sein Leiden und machte weiter. Indem er dieses Aufwallen von Emotionen erfuhr, konnte er unmittelbar beobachten, wie das Säubern der Toiletten sein Selbstbild, das er so mühsam aufgebaut hatte, bedrohte. Durch diese unmittelbare Wahrnehmung wurde ihm die enorme Last seiner selbsterschaffenen Identität von den Schultern genommen. Am Ende des Retreats reinigte er die Kloschüsseln mit Begeisterung. Man hätte ihn für einen TV-Spot engagieren können.

So wirksam kann die Entwicklung einer Praxis sein, die alle Aspekte des Lebens durchdringt. Diese Wirkung ist sanft, entspannt, aber auch gnadenlos. Sie führt Sie immer wieder zu Einsicht und Bewusstheit zurück. Wenn Sie also in ein Retreat gehen, dann hoffe ich, dass Ihnen eine Arbeit zugeteilt wird, die Sie *nicht* mögen.

Ich schätze das kontemplative Leben sehr. Ich liebe es zu sitzen und habe viele, viele Jahre lang Sitzmeditation geübt. Sie ist insofern etwas Besonderes, als ihre totale Vereinfachung hilft, den Geist zu beruhigen und Einsicht und Mitgefühl zu kultivieren. Ich habe gesehen, dass Sie sehr ruhig werden können, wenn Sie sich in das Sitzen verlieben. Sie können damit Frieden und Freude erfahren. Diejenigen von Ihnen, die das noch nicht zur Genüge geschmeckt haben, werden dies garantiert tun. Das ist eine Gesetzmäßigkeit – es ist nicht nur besonderen Menschen vorbehalten. Doch wenn dies einmal geschehen ist, besteht die Neigung, an dieser Erfahrung zu haften, sie zu preisen und sie hoch über den Rest des Lebens zu stellen. Für viele kann dies zu einer obsessiven Aktivität werden – etwas, das man dann für „*die* Praxis" hält. Das kann leicht passieren, weil das zentrale Bild im Buddhadharma eine menschliche Figur ist, die ruhig und heiter in der Meditationshaltung dasitzt. Man bekommt niemals einen Buddha zu sehen, der staubsaugt oder Liebe macht.

In den ganz frühen Tagen, als viele von uns an langen Retreats teilnahmen, bemerkte ich, dass wir von einer dreimonatigen Meditationsperiode nach Hause kamen und uns zutiefst dessen bewusst waren, wie wertvoll und kostbar sie gewesen war. Dann aber verbrachten wir die restlichen neun Monate des Jahres damit, Geld zu verdienen, um in das nächste dreimonatige Retreat zurückkehren zu können. Jedes weitere Retreat trug man zur Schau wie eine Tapferkeitsmedaille.

Ein Muster wurde sichtbar: Passionierte Yogis kamen aus der geschützten besonderen Umgebung in diesem Land oder in Asien heraus und kehrten in eine Welt zurück, in der es keinen Raum gab, die Praxis fortzusetzen. Dass ich dieses Muster erkannte, war eine meiner stärkeren Motivationen dafür, im Jahre 1987 das *Cambridge Insight Meditation Center* zu gründen. Ich gestaltete es absichtlich als ein Zentrum, in dem die Meditierenden nicht wohnen, weil ich wollte, dass die Menschen zum CIMC kommen und dann in ihre Familien oder an ihre Ausbildungsstätte oder in ihren Beruf zurückkehren, um dort auf die Probe zu stellen, was sie im Feuer des Lebens gelernt haben.

Unlängst erfuhr ich zu meiner Überraschung, dass es einem großen Prozentsatz von hochrangigen Kampfkünstlern nicht gelingt, ihre Kunst anzuwenden, wenn sie sich dem Stress eines plötzlichen Angriffs auf der Straße ausgesetzt sehen. Auch wenn sie in der Übungshalle weit fortgeschritten sind, kommt ihnen ihr Können außerhalb des strukturierten Umfelds des Dojo abhanden. Meditierende sehen sich vor die gleiche Herausforderung gestellt.

Betrachten wir etwas anderes, das oft nach einem Retreat passiert. Sie haben womöglich mit *einatmen, ausatmen* einen wundervollen Samadhi entwickelt. Sie fühlen sich in Frieden und lieben die ganze Menschheit. Dann fahren Sie nach Hause, und mit zunehmender Kilometerzahl nimmt Ihr schwerverdienter Samadhi ab. Sie machen einen Tankstopp und checken die Nachrichten auf Ihrem Mobiltelefon. Eine unerwartete Nachricht von dem Arzt Ihrer Mutter erscheint sowie eine ärgerliche Mail von Ihrem Nachbarn. Der Samadhi verschwindet und Sie sind darüber enttäuscht.

Vielleicht tauchen Zweifel auf oder Ihnen graut vor den kommenden Tagen, an denen Sie mit Termindruck und Stress umzugehen haben. Wenn Sie in der Lage sind, diese Geisteszustände achtsam zu beobachten, befinden Sie sich mitten auf dem Weg der Übung. Gehört Enttäuschung nicht zum Leben aller Menschen? Ohne diese Achtsamkeit jedoch könnte es sein, dass Sie sowohl an Retreatzentren als auch am Alltagsleben verzweifeln.

Jiddu Krishnamurti, mein erster Meditationslehrer, legte vom ersten Tag an großen Wert darauf, dass wir Leben und Übung als Einheit betrachteten. Das ging so weit, dass er das Wort Übung gar nicht mehr benutzte. Weil ich mit dieser Anschauung begann, musste ich niemals eine Kluft zwischen der formellen Übung und dem Alltagsleben überbrücken. Doch obwohl man in der heutigen Meditationsszene gern Lippenbekenntnisse zu der Einheit von Leben und Übung ablegt, wird diese nur selten realisiert. Und trotz meines eigenen Verständnisses wurde mir bald klar, dass ich diese Zweigleisigkeit durch meine Lehrweise oft unwillentlich förderte. Da ich das Alltagsleben betonte, begannen manche meiner Schüler Dinge zu sagen wie: „Meine Übung ist mein dreijähriges Kind; es ist der Zen-Meister im eigenen Haus."

Dann entgegnete ich: „Das hört sich gut an, aber wann haben Sie das letzte Mal gesessen?"

Als Antwort kam dann: „Moment mal ... ich erinnere mich nicht, es ist schon so lange her."

Ich darauf: „Ach richtig, ich vergaß: Sie haben ja einen Zen-Meister im eigenen Haus."

Anders formuliert: Die Vorstellung „Mein Alltag ist meine Übung" kann zu einem irreführenden Klischee werden. Ich habe mich vergeblich bemüht, dieses Muster zu durchbrechen. Wenn ich das Sitzen wieder stärker betonte, spielte die formelle Übung erneut die Hauptrolle bei meinen Schülern und das Alltagsleben trat in den Hintergrund. Richtete ich die Aufmerksamkeit deshalb auf den Alltag, untergrub das die formelle Meditation. Für mich besteht die größte Herausforderung beim Lehren bis auf den heutigen Tag darin, die Wichtigkeit des täglichen Lebens zu betonen, ohne die Sitzmeditation zu untergraben, und den enormen Wert der Sitzmeditation herauszustellen, ohne diese in Gegensatz zum aktiven Rest unseres Lebens zu stellen. Meiner Ansicht nach geht es im Grunde allein um Folgendes: Es gibt letztlich nur das Leben!

Allerdings hat jeder von Ihnen sein eigenes Temperament, das berücksichtigt werden muss. Manche Menschen fühlen sich ganz natürlich mehr zum Sitzen in ihrem Heim oder einem Meditationszentrum hingezogen. Andere, die vielleicht stärker extrovertiert sind, mögen weniger sitzen und mehr Aufmerksamkeit auf das Alltagsleben und andere Übungen richten. Einige werden den Atem stärker benutzen, andere weniger. Das Kriterium ist ganz pragmatischer Natur: Hilft Ihnen das, was Sie praktizieren, loszulassen und weniger zu leiden, freundlicher zu sein und offener für andere? Wenn Sie ganz und gar im gegenwärtigen Moment sind, dann praktizieren Sie, ob Sie nun auf dem Klo sitzen oder in einer Hütte auf einem Berg. Der gegenwärtige Augenblick hat immense Bedeutung. Er ist unerschöpflich.

Wenn Schüler zu einem Gespräch unter vier Augen kommen, dann frage ich sie oft: „Wie geht es mit Ihrer Praxis?" Gewöhnlich bekomme ich dann zur Antwort: „Nun ja, ich komme nicht oft zum Sitzen." Dann sage ich: „Nein, ich habe nach Ihrer Praxis gefragt. Ich habe nicht gefragt: ‚Wie geht es mit Ihrer Sitzmeditation?'"

Liebe Freunde im Dharma, bitte denken Sie daran, dass es auf die Qualität Ihres Geistes ankommt, nicht auf die Zahl der Stunden, die Sie sitzen. Entwickelt der Geist die Fähigkeit, zu verstehen und loszulassen? Lernen Sie, dass zu verlernen, was schädlich ist, ohne ablehnend zu sein und das zu nähren, was förderlich ist, ohne anzuhaften? Kommen Sie zu entspannterer, wacherer Durchgängigkeit Ihrer Achtsamkeit? Sind Sie weniger streng mit sich selbst, wenn Sie unaufmerksam gewesen sind? Einschlafen … Aufwachen … Einschlafen … Aufwachen – das ist es.

Wahrscheinlich haben die Menschen in jedem Zeitalter und in jeder Kultur unter der Neigung gelitten, ihre Sammlung zu verlieren und von einer gewählten Aufgabe oder Aktivität abgelenkt zu werden. Aber diese Neigung scheint heutzutage noch wesentlich schädlicher geworden zu sein. In einer Welt der ständigen Zerstreuung braucht man, wenn man sich nur einen Moment langweilt, sofort eine Ablenkung von der Zerstreuung. Das ist ein wenig so, als sähe man den Nachrichtensender CNN – was ich oft tue; auch wenn dies eine andere Form von Leid bedeuten kann. Neben dem Full-Screen mit den Hauptnachrichten sehe ich als Einblendung einen kommentierenden General der Armee und ich schaue auch ihm zu. Sobald mein Interesse an ihm nachlässt, verfolge ich den Lauftext am unteren Bildrand mit den aktuellen News und Wettermeldungen. Gerade erscheinen mir die Scrolls interessant, da unterbricht ein Werbespot ... und der Zyklus beginnt aufs Neue.

Nimmt es da Wunder, dass wir einen alten chinesischen Koch brauchen sowie Dogen, der schließlich sein Schüler wurde? Wir brauchen sie dringend.

An diesem Punkt ist es hilfreich, sich an den japanischen Begriff *shikan* zu erinnern. Sie erkennen ihn vielleicht als Bestandteil des Begriffs *shikantaza,* mit dem eine Form der Sitzmeditation bezeichnet wird, die dem ähnelt, was einige von Ihnen bei der Übung des Vipassana tun. *Shikantaza* bedeutet „nur treffend sitzen". Man kann das *shikan* („nur") auch auf das Kochen anwenden: nur kochen. Das „nur" bedeutet in diesem Kontext „ausschließlich". Es bedeutet, dass Sie der Sache Ihre *ganze* Aufmerksamkeit zuwenden. Wenn Sie kochen, dann sollten Sie „nur kochen".

Dogens „Unterweisungen für den Koch" können uns helfen, das Problem der ständigen Ablenkung zu entschärfen. Der Koch wird angewiesen, sich mit derselben Fürsorge um die Töpfe, Pfannen und Zutaten für das Essen zu kümmern, wie er sich um seine eigenen Augen kümmern würde. Diese Unterweisung versucht Ihnen die Haltung eines tiefen Sich-Einlassens auf jede Ihrer Aktivitäten zu vermitteln. Sie geben sich jeder dieser Aktivitäten ganz und gar hin, indem Sie dabei all Ihre Sinne ins Spiel bringen. Es kann dabei um das Kochen einer Mahlzeit gehen oder auch um das Unkrautjäten im Garten – darum, wie Sie Ihrem Partner zuhören, wie Sie Ihr Kind umarmen, wie Sie Ihre Schnürsenkel zubinden.

Es ist nichts Besonderes daran, sich die Schnürsenkel zuzubinden, aber die Art und Weise, wie Sie diese einfache Handlung vollziehen, kann Ausdruck Ihres Respekts für Ihr eigenes Leben sein, wie auch immer es sich in einem bestimmten Moment präsentiert.

Atembewusstheit ist eine Methode, die Ihnen helfen kann, Ihre volle Aufmerksamkeit auf ansonsten leicht übersehene Momente des täglichen Lebens zu richten. Wenn Sie diese Übung im Laufe des Tages anwenden, kann das viele kleine und einfache Aktivitäten in eine sinnvolle Gelegenheit transformieren, einen gesammelten, ruhigen und wachen Geist zu entwickeln. Vielleicht müssen Sie an einer roten Ampel anhalten – und für etwa 10 oder 15 Sekunden spüren Sie, während Sie dort sitzen, einfach den Atem, statt etwa das Radio einzuschalten. Wenn Sie in ein Restaurant gehen, können Sie, bevor Sie zu essen beginnen, die Mahlzeit auf Ihrem Teller betrachten. Sie sehen das Essen an, stimmen sich auf die Atmung ein und versuchen, des Atems bewusst zu bleiben, während Sie die Gabel zum Mund führen.

Spüren Sie den Atem, während Sie auf einen Aufzug warten. Sitzen Sie in einem öffentlichen Park und achten Sie, begleitet von achtsamem Atmen, auf einen Aspekt der Natur um Sie herum. Im Wartezimmer eines Arztes können Sie bei der Atmung bleiben, bis Sie aufgerufen werden, statt nach einer Zeitschrift zu greifen oder eine E-Mail zu versenden. Denken Sie daran, dass Geduld eine *Parami* (Skrt. *Paramita*), eine der zehn Tugenden der buddhistischen Lehren ist. Werden Sie zu einem geduldigen (engl. *patient*) Patienten, der den Atem dazu nutzt, die Unruhe des Wartens zu beruhigen oder direkt die eigene Ungeduld zu beobachten.

Kürzlich hörte ich von einer Yogini, dass sie die Atembewusstheit während eines Vormittags nutzte, den sie als potenzielle Geschworene in einem Gerichtsgebäude verbringen musste. Mehrere Stunden lang wurde sie in dem düsteren Gebäude von einem Raum in den nächsten geschickt, und sie hatte das Gefühl, langweilige Stunden körperlicher Unbequemlichkeit auf alten Holzbänken und bei der sporadischen Lektüre von Zeitschriften vor sich zu haben. Doch die ganze Szene veränderte sich, als sie erkannte, dass man ihr die Gelegenheit zu einer perfekten Morgenübung gab. Dies transformierte ihre Erfahrung. Während sie dort in dem Gerichtsgebäude saß, blieb sie während der gesamten Prozedur ruhig und wach und benutzte den Atem als Anker. Letztlich wurde sie nicht als Geschworene ausgewählt, aber während die anderen Menschen um sie herum mit Unruhe und Langeweile zu kämpfen hatten, gelangte sie zu einer wertvollen Einsicht.

In den meisten Situationen können Sie die Atembewusstheit mit offenen oder mit geschlossenen Augen üben. Ich habe seit meiner Kindheit schon immer Menschen (und auch Vögel) „beobachtet". Deshalb dienen für mich geöffnete Augen zusammen mit bewusstem Atmen der Übung von Wachheit. Da ich oft öffentliche Verkehrsmittel benutze, bleibe ich bei meiner Atmung, während ich in einem Bus oder Zug sitze und mir der Mitreisenden bewusst bin. Dieses Hinschauen ist entspannt, beiläufig und ziellos und versucht andere nicht dadurch zu beunruhigen, dass sie sich beobachtet fühlen. Es hilft mir einfach, die Menschen um mich herum mit ein wenig mehr Klarheit zur Kenntnis zu nehmen, während es gleichzeitig meine innere Landschaft ruhiger und lebendiger macht.

Angesichts der Natur oder eines Kunstwerks ist es für den Geist leichter, ruhiger zu werden und im gegenwärtigen Augenblick zu bleiben. Wahre Schönheit, sei es eine Landschaft von Monet oder das Brausen der Meeresbrandung, besitzt diese Kraft: Sie überwältigt das Denken. Doch es ist Ihnen möglich, dem Geist zu helfen, ruhig zu werden, ganz gleich, wo Sie sich gerade befinden. Wohin Sie auch gehen, ist der Atem bei Ihnen und dient Ihnen als Anker. In Momenten, die Ihnen geeignet erscheinen, können Sie sich ihm zuwenden, wie Sie sich vielleicht einem guten Freund zuwenden würden, damit er Ihnen hilft, wach zu bleiben und die gewohnheitsmäßigen, unnötigen Gedanken des Geistes abzustellen, mit denen oft so viel Energie verschwendet wird.

Wenn diese Atemtechnik etwas Neues für Sie ist, mögen Sie sich dabei zuerst ein wenig unbehaglich fühlen. Das ist in Ordnung.

Machen Sie den Versuch, sehen Sie zu, was geschieht – und lernen Sie davon. Versuchen Sie, keine schwere und eintönige „Aufgabe" daraus zu machen. Wenn Sie also vergessen, achtsam zu atmen, während Sie abwaschen, dann kritisieren Sie sich nicht dafür, womit Sie nur das Leiden in Ihrem Leben vergrößern würden! An einem bestimmten Punkt – und wann es dazu kommt, ist für jeden von Ihnen verschieden – mag es sein, dass die *Technik* der Atembewusstheit sich auflöst und einfach zu einer natürlichen Lebensweise wird, die besonderen Wert auf Aufmerksamkeit, Sensibilität und das Interesse am Lernen aus täglichen Erfahrungen legt, während Sie diese ganz und gar durchleben. Was wirklich zählt, ist die Qualität des Geistes, die in dem herrscht, was Sie gerade tun.

· · · · ·

F: Meine lange Heimfahrt am Nachmittag ermüdet mich immer. Ich stelle oft Musik an, um mich etwas aufzumuntern, doch wenn ich emotional auf die Musik reagiere, möchte ich dies aus der Erfahrung des bloßen Fahrens heraushalten.

A: Warum denn? Ihre Reaktion auf die Musik ist ein gültiger Teil Ihrer Erfahrung. Es ist nichts falsch an Musik, solange Sie sie nicht zwanghaft hören, wie das bei manchen Menschen der Fall ist. Wenn das Musikhören zwanghaft wird, dann tun Sie alles Mögliche, um nur nicht bei sich selbst sein zu müssen: Sie schalten auf den Kanal „Musik" um, so wie Sie auf den Kanal „Metta" oder „Atem" umschalten könnten. Mit Achtsamkeit lernen Sie etwas über Ihre Motive. Wenn Sie einfach Freude an der Musik haben, ist das weder schlecht noch gut. Es ist einfach nur eine der Freuden des Lebens. Alles hängt davon ab, wie Sie damit umgehen – und es hängt, in Ihrem Beispiel, natürlich auch davon ab, welchen Einfluss es auf Ihre Fahrweise hat!

· · · · ·

F: Ich gehöre zu den Leuten, die automatisch das Radio einschalten oder sogar Gas geben, um der Langeweile der immer gleichen Route zwischen Wohnung und Arbeitsplatz zu entgehen. Ich habe versucht, dieses Muster zu durchbrechen – leider erfolglos.

A: Ich will Ihnen von einem Schüler erzählen, der regelmäßig zehn Minuten zu spät zu der Gruppenmeditation in unserem Stadtzentrum kam. Er kam in die Meditationshalle gerannt und eilte hechelnd und schnaufend zu seinem Kissen. Schließlich fand ich heraus, dass er einen so weiten Weg zu dem Zentrum hatte, dass er sehr schnell fahren musste, um nicht noch mehr von der Meditationssitzung zu verpassen.

Wenn sich eine solche Schwierigkeit im täglichen Leben ergibt, stellt sich die Frage: Kann das Auto schnell fahren, der Geist aber in Frieden bleiben? Mit anderen Worten: Wie wirkt sich die äußere Geschwindigkeit auf den Geist aus? Ich war schon Beifahrer bei einem ehemaligen Rennfahrer, der mit Höchstgeschwindigkeit fuhr, und fühlte mich dabei vollkommen sicher. Und ich war Beifahrer bei langsamen Fahrern, bei denen ich am liebsten sofort wieder ausgestiegen wäre.

Wenn die Stecke Sie langweilt, schlage ich Ihnen folgende Übung vor: Betrachten Sie Ihre Unruhe. *Oh nein, nicht schon wieder diese Tankstelle, nicht schon wieder dieser lächelnde Schülerlotse.* Oder beobachten Sie, wie die Spannung vor einer roten Ampel oder in einem Verkehrsstau wächst. Natürlich sollten Sie sich hauptsächlich auf das Fahren konzentrieren. Es ist auch in Ordnung, Musik zu hören. Aber hören Sie dann und wann auf Ihre eigenen Reaktionen. Wenn Sie das tun, bemerken Sie vielleicht, dass diese gewohnheitsmäßigen Reaktionen schwächer werden und wegfallen und eine frische achtsame Reaktion auftaucht. Versuchen Sie nicht, ruhig zu sein; seien Sie sich vielmehr der Spannung und der Langeweile bewusst. Diese Bewusstheit kann ganz natürlich zu einer authentischen Ruhe führen.

Indem er diese Methode benutzte, lernte der zu spät kommende Schüler schließlich, dass er in Frieden sein konnte, selbst wenn er mit der höchsten erlaubten Geschwindigkeit fuhr. Sein Auto bewegte sich schnell, sein Geist jedoch nicht. Es verlangte Zeit und

Geduld, diese Praxis zu erlernen, die ich für ein gutes Beispiel für engagierte Stille halte.

• • • • •

F: Vor wenigen Wochen wurde mir unerwartet eine Arbeitsstelle ge-
kündigt, die ich zwölf Jahre lang innegehabt habe. Kann Meditation
mir helfen, diese Periode zu überstehen, ohne wieder in meine alten
und nicht so gesunden Bewältigungsstrategien abzurutschen?

A: Immer mehr Meditierende berichten davon, arbeitslos zu sein oder nur noch eine Teilzeitarbeit zu haben. Nur wenige Menschen würden sich bei einem solchen Verlust keine Sorgen machen, besonders wenn sie eine Familie zu versorgen haben. Auch erfahrene Yogis haben manchmal das Gefühl, dass ihre ganze Welt zusammenbricht, und Sie können nichts gegen immer wieder auftauchende Gefühle der Hilflosigkeit tun.

Letztlich haben Sie jedoch mit einem geschulten Geist eine wesentlich größere Chance, von der Katastrophe zu einer Lösung übergehen zu können. Er hilft Ihnen, Optionen zu erkennen, die von einem besorgten oder verwirrten Geist nicht wahrgenommen werden. Sie fühlen sich nicht so hilflos, weil Sie wissen, dass jede Situation zu bewältigen ist, ob Sie nun auf dem Kissen sitzen oder Ihre Firma den Personalbestand verkleinert. Sie lernen, selbst in einer Welt des Wandels und der Vergänglichkeit mit Weisheit zu leben. Der Buddha sagte: „Alles, was ich lehre, ist das Leiden und die Beendigung des Leidens." Er spricht über das Leiden, das im Geist lokalisiert ist und das zu dem unvermeidlichen materiellen Verfall, zu Naturkatastrophen und anderen Tragödien, mit denen wir Menschen es zu tun bekommen, hinzugefügt wird. Dieses Leiden entsteht in der Psyche. Wenn Sie den Unterschied zwischen diesen beiden Arten des Leidens erkennen, können Sie zumindest das abschwächen, was der Buddha den „zweiten Pfeil" nannte – das Leiden, das den Geist trifft.

Können Sie nicht zwischen der Natur Ihres vom Geist geschaffenen Leidens und dem tatsächlichen Verlust des Arbeitsplatzes unterscheiden, dann leiden Sie mental. Oft sind die Sorgen quälend. Gelingt es Ihnen, die Unterscheidung zu treffen, dann besteht die schreckliche Situation, Ihre Arbeit und Ihr Einkommen verloren zu haben, immer noch – aber die Situation ist nicht hoffnungslos. Können Sie sehen, wie wertvoll es ist, einer komplizierten Situation mit einem klaren Geist zu begegnen, statt mit einem Geist, der verzweifelt um irgendeine Lösung ringt?

• • • • •

F: Wenn Sie davon sprechen, wie man mit Verlusten umgeht, bin ich mir, wie das schon früher der Fall war, nicht über den Unterschied zwischen Meditation und Therapie im Klaren. Können Sie mir helfen, zwischen den beiden zu unterscheiden?

A: Das ist eine wichtige Frage, da wir in einer Kultur der Psychotherapie leben. Seit einigen Jahren verbinden viele Ansätze Psychotherapie mit meditativer Praxis, und eine wachsende Zahl von erfahrenen Psychotherapeuten praktiziert ernsthaft Meditation. Wo das angebracht war, habe ich einigen Yogis vorgeschlagen, mit solchen Psychotherapeuten zu arbeiten und gleichzeitig mit der Meditation fortzufahren, und die Ergebnisse waren erfreulich. Ich habe manchen Menschen auch nahegelegt, die Meditation für eine Weile sein zu lassen, wenn mir Psychotherapie für sie angemessener erschien. Vielleicht verschwimmen heute die Grenzen zwischen diesen beiden Ansätzen. Da ich mich jedoch niemals in Therapie befunden habe und auch nicht in diesem Beruf ausgebildet bin, bin ich nicht wirklich qualifiziert, Ihre gute Frage zu beantworten.

• • • • •

F: Ich versuche, die Wahlfreie Bewusstheit in meine Praxis im täglichen Leben zu integrieren. Das ist dort sehr viel schwieriger als auf dem Kissen, weil das Leben mich mit Entscheidungen und Ablenkungen bombardiert.

A: Lassen Sie mich antworten, indem ich Ihnen von einer persönlichen Erfahrung erzähle. An einem wunderschönen Sonntagnachmittag im Sommer ging ich am Charles River in Cambridge, Massachusetts, spazieren. Meine Bewusstheit glich einem Panoramabild und umfasste den Fluss, Gänse im Flug, den klaren blauen Himmel und Menschen, die auf dem Rasen picknickten. Plötzlich erblickte ich ein auf dem Dach liegendes Auto und eine Person, die daneben auf dem Boden lag. Der Rundumblick wurde automatisch fokussiert. Die alles umfassende Welt, die ich gerade noch so freudig erfahren hatte, wurde auf diese eine tragische Szene reduziert.

Es war nicht nötig, erst zu überlegen, worauf ich jetzt achten sollte. Die Einengung der Bewusstheit war die richtige Reaktion auf die vorliegende Situation. Wie in allen Momenten der Wahlfreien Bewusstheit machte das Leben selbst die Vorgaben.

Lassen Sie mich von diesem dramatischen Vorfall jetzt zu einer allgemeineren Betrachtung kommen, um Ihnen eine generelle Anleitung zur Praxis im täglichen Leben zu geben. Ich werde dies in die Form einer Frage kleiden, die im Lauf der Jahre für mich selbst und für zahllose andere Yogis eine enorme Hilfe gewesen ist: Wie handle ich richtig, genau hier und eben jetzt? Oft ist die Antwort in unserem Leben völlig klar, so wie beim Anblick eines Autounfalls. Doch selbst wenn sie klar ist, sind Sie mit voller Bewusstheit dabei? Sind Sie ganz nahe dran an dem Handeln oder davon abgetrennt? Sind Sie sich des gegenwärtigen Augenblicks völlig bewusst, oder stellen Sie sich bereits vor, wie Sie Ihren Freunden von dem, was geschehen ist, erzählen? Die Übung ist ein Prozess der Verringerung des Zwischenraums zwischen Ihnen und dem Handeln.

Wenn Sie Kinder haben, dann umarmen Sie diese vielleicht jeden Tag. Gut, umarmen Sie! Doch wenn Sie sie umarmen, ist dann eventuell die Hälfte Ihres Geistes immer noch am Arbeitsplatz? Sollte das der Fall sein, dann kann das bloße Sehen Ihrer Unachtsamkeit Sie in intimeren Kontakt mit Ihren Kindern bringen. Dies ist ein richtiges Handeln.

Ihre Übung beendet einen fragmentierten Kontakt mit der Realität. Auto fahren? Gut, fahren Sie! Eine SMS auf dem iPhone eintippen? Gut, tippen Sie ein! Jeder Moment und jeder Ort verlangt eine einzigartige Reaktion. Sie befinden sich in einem fortlaufenden Lernprozess. Dies ist die Schönheit der Praxis: Potenziell ist alles, was Ihnen im Alltag begegnet, Ihr Lehrer – und zu lernen, wie man von Moment zu Moment lebt, bringt seine eigene Erfüllung mit sich.

• • • • •

F: Ich habe gehört, dass man bei der Meditation kein Ziel und keine Errungenschaften anstreben soll. Aber was kann mich motivieren, mit der Praxis im täglichen Leben fortzufahren, wenn ich nicht danach strebe, meine Ehe oder meine Arbeitssituation zu verbessern?

A: Es ist nur natürlich, dass Sie Ihre Ehe und Ihre Arbeitssituation verbessern wollen. Hilft Ihnen Vipassana-Meditation dabei? Ja. Aber vielleicht nicht genauso, wie Sie es erwarten.

Verschiedene Modelle der Praxis bieten unterschiedliche Ansätze an. Zu dem Stufenleiter-Ansatz, wie er manchmal genannt wird, gehört eine Abfolge von Stadien: das erste Stadium der Praxis, das zweite Stadium, und so weiter – etwa so wie Bachelor of Arts, Magister und Doktorgrad. Für viele Yogis ist dieser strukturierte Ansatz hilfreich, weil sie am besten lernen, indem sie danach streben, auf die nächste Ebene zu gelangen. Dies kann produktive Energie für die Praxis freisetzen.

Ich habe in meiner Zeit an der Universität selbst einige Jahre lang auf diese Weise gelebt. Ich fand das ganz in Ordnung, bis mir klar wurde, dass mein Leben voller Konflikte und Ängste war, während ich danach strebte, auf der Leiter des akademischen Erfolgs weiter aufzusteigen. Was mich angeht, so habe ich genug von dieser Methode. Aber bitte verstehen Sie, dass ich Ihnen mit meinem Lehrmodell nicht nahelegen will, die Hände gen Himmel zu heben und träge und fatalistisch zu werden. Dieser Ansatz sieht Praxis und Verwirklichung als dieselbe Erfahrung. So hat es auch der japanische Zen-Meister Dogen beschrieben.

Wie gelangen Sie also dahin, wohin Sie mit Ihrer Praxis und Ihrem Leben kommen wollen? Dies ist eine überaus schwierige Frage. Manchmal werden Sie beim Meditieren nur noch zielgerichteter: „Ich übe diesen Achtsamkeits-Kram, aber nur, wenn er mich zu dem in den Büchern versprochenen Ziel bringt." Der Geist versucht ständig, von A nach B fortzuschreiten. Besonders ehrgeizige Geister wollen in einem großen Sprung von A nach Z gelangen. Doch die Praxis besteht darin zu lernen, wie man von A nach A gelangt.

Setzen Sie nicht allzu sehr auf ein „zukünftiges Ich", das sich im Verlauf einer Reihe von Retreats und Sitzperioden entwickeln wird. Natürlich werden Sie auf dem Weg Nebenprodukte ernten können. Aber Sie müssen nicht auf etwas warten, weil Meditation ein nie endender Prozess ist, in dem Sie lernen, geschickt mit allem umzugehen, was Ihnen das tägliche Leben präsentiert. Bestätigung und Verifikation geschehen genau hier und jetzt!

Diese scheinbare Passivität setzt in Wirklichkeit eine dynamische Energie in Gang, die Sie in eine wundervolle Richtung vorantreibt. Doch spalten Sie Ihre Aufmerksamkeit nicht auf, indem Sie sich vornehmen, sich zu verbessern. In unserem Ansatz erreichen Sie keine spezifischen Stadien der Wachheit und keine bestimmten Ziele im Leben, sondern Sie kümmern sich um jeden Augenblick, sei es auf dem Kissen oder zu Hause oder am Arbeitsplatz. Aus diesem Grund werden Sie dazu ermutigt, keinen Unterschied zwischen Praxis und Alltagsleben zu machen.

Der Buddha gilt als ein voll erwachtes menschliches Wesen. Er bietet Ihnen Hilfe an, damit Sie ihm Gesellschaft leisten können. Jeder Moment der Bewusstheit ist ein kleiner Moment des Buddha-Geistes. Wenn Ihre Wachheit heranreift, indem Sie sie auf alle Geschehnisse im Leben anwenden – auf dem Kissen oder abseits davon –, dann werden Sie sehen, welche Nebenprodukte das Lernen auf der Basis dieser erweiterten Bewusstheit mit sich bringt. Sie lernen, geschickt in jedem Moment zu leben, sei es in einem Retreat oder zu Hause bei Ihrer Familie, bei der Arbeit mit Ihren Kollegen oder mit fremden Menschen in einem Bus.

5. Bewusstheit in Beziehungen

Leben heißt in Beziehung sein.   VIMALA THAKAR

Können wir miteinander sein, ohne stark von alten Bildern beeinflusst zu sein, obwohl wir bereits während unseres gesamten Lebens Bilder von uns selbst und von anderen angesammelt haben? Sind wir uns dessen bewusst, wie diese Bilder unsere Wahrnehmung voneinander einfärben und verzerren? Wie sie uns tatsächlich daran hindern, irgendetwas in diesem Augenblick zutreffend wahrzunehmen? Und können wir, wenn wir dies begreifen, sorgfältig und fürsorglich schauen, als sei es das erste Mal? Ist es möglich, einander auf eine völlig neue Weise anzusehen und auf völlig neue Weise aufeinander zu hören – nicht gewohnheitsmäßig mit dem Drang, einander entsprechend unseren Vorlieben und Abneigungen zu korrigieren und zu verändern? Können wir ganz neu entdecken, was in diesem Augenblick tatsächlich geschieht, und aus der Klarheit und nicht aus Ideen heraus reagieren?

TONI PACKER

Vor etlichen Jahren praktizierte ich in der thailändischen Tradition der Waldmönche. Für mich war ein Wald ein Ort, an dem man ein Picknick macht oder nach Farnen und Pilzen sucht. Doch in Thailand fand ich einen Wald mit Schlangen, Insekten und verschlungenen Lianen vor. Dort, wo unsere kleinen Hütten standen, würde ich kein Picknick machen wollen. Ich sagte meinem Lehrer, er lehre in der thailändischen „Dschungel"-Tradition, während ich in der Dschungel-Tradition von Cambridge praktiziere.

Er fragte: „Cambridge? Ist das nicht eine große Stadt mit Universitäten?"

„Ja", sagte ich, „aber es gibt dort Menschen. Ihr Dschungel ist bevölkert von Schlangen und wilden Tieren. Mein Dschungel ist von Menschen bevölkert."

Kann es Ihr Leben bereichern, wenn Sie die Praxis von Bewusstheit in Ihre Beziehungen einbringen? Natürlich! Aber damit wird nur etwas Offensichtliches gesagt. Sie verbringen den größten Teil Ihres Lebens in Beziehungen. Ich glaube, dass Sie genau dort in eine effektive Dharma-Praxis eintreten können – in Ihrem Umgang mit Freunden, Partnern, Kindern, Kollegen, Nachbarn und Fremden. Ich beschreibe hier keine Methode, die das Leben einfach nur angenehmer und friedlicher machen soll. Meiner Meinung nach ist Bewusstheit in Beziehungen in unserer heutigen Welt ebenso legitim und potenziell befreiend wie traditionellere Praktiken.

Natürlich lassen Sie nicht von Ihrer Bewusstheit ab, sei es mit oder ohne Unterstützung durch den Atem. Sie bringen sie in Ihre Beziehungen ein.

Manche von Ihnen sträuben sich vielleicht dagegen, Beziehungen als authentische Dharma-Praxis zu betrachten. Das halte ich jedoch für sehr bedauerlich, da Sie einen so großen Teil Ihres Lebens in der Gesellschaft anderer verbringen. Ich möchte Sie dringend bitten, den zwischenmenschlichen Bereich im Geist des *Kalama Sutta* anzugehen, in dem der Buddha uns, wie Sie sich erinnern werden, dazu auffordert, Fragen zu stellen und den Dingen auf den Grund zu gehen. Ist es Ihnen möglich, sich Ihrer konditionierten Reaktionen auf andere Menschen bewusst zu bleiben, besonders in Ihren intimsten Beziehungen? Können Sie inmitten hitziger Interaktionen Gleichmut bewahren oder das Fehlen von Gleichmut erkennen? Können Sie lernen, dies ohne Urteil oder Verurteilung zu tun?

Der Atem ist in jedem Moment bei Ihnen, auch wenn Sie sich ihm bei diesem Ansatz nicht immer zuwenden, weil die Dinge in der zwischenmenschlichen Dynamik so schnell und intensiv ablaufen. Das ist in Ordnung. Ich habe in meinen eigenen Interaktionen bemerkt und auch von anderen Yogis gehört, dass die

Übung der Atembewusstheit die Praxis in Beziehungen sogar behindern kann. Dazu kommt es, wenn Sie sich mehr auf den Atem konzentrieren als auf das, was zwischen Ihnen und der anderen Person abläuft. Oder wenn Sie nicht mit der hohen Geschwindigkeit menschlicher Interaktionen Schritt halten können, weil Sie befürchten, den Kontakt zum Atem zu verlieren. Dies wäre ein falscher Gebrauch der Meditation der Atembewusstheit.

Es bleibt jedem von Ihnen überlassen zu erkennen, wann die Atembewusstheit eine hilfreiche Methode ist und wann nicht. Da der Atem Ihnen hilft, einen klareren Geist zu kultivieren, hilft er auch, die Weisheit zu entwickeln, die weiß, wann es geschickt ist, die Atembewusstheit in Beziehungen zu verwenden. Seien Sie nicht überrascht, wenn sich herausstellt, dass der größte Teil Ihrer Praxis in Beziehungen nicht in Atembewusstheit besteht. Es ist so ähnlich wie beim formellen Sitzen, als Sie den Atem fallen gelassen und Wahlfreie Bewusstheit praktiziert haben: Beziehungen lenken Ihre Praxis oft einfach in diese Richtung.

Mit der Zeit und kontinuierlicher Übung enthüllt die Bewusstheit in Beziehungen den Prozess des „Self-ing", der das „Ich" zum Mittelpunkt des Universums macht. Da diese Bewusstheit Sie immer wieder die wahre Natur des Ichs lehrt, besitzt sie das Potenzial, Sie zu der unkonditionierten *Sunnata* (Skrt. *Shunyata*), der Leere oder der engagierten Stille zu führen.

Wenn Yogis mich von diesem Ansatz sprechen hören, dann leuchtet er ihnen gewöhnlich sofort ein. Sie sehen, dass Ihre Praxis fragmentiert und nur von begrenztem Wert sein wird, wenn Sie Beziehungen außen vor lassen. Sie sehen auch das Potenzial, Harmonie in Ihrem Heim, an Ihrem Arbeitsplatz oder sogar in sich selbst zu finden. Doch selbst der beste Schüler gerät ins strauchln und fällt oft, immer wieder und immer wieder, auf die Nase, wenn er oder sie beginnt, das Licht der Bewusstheit auf Beziehungen zu richten. Dieser Ansatz verlangt sanfte, entspannte Geduld und sorgfältige Beobachtung. Doch war Ihr Geist nicht auch verwirrt, als Sie begannen, den ersten Schritt zu praktizieren und einfach nur den Geist zu beobachten, während Sie atmeten? Jetzt praktizieren Sie in der Hitze und im Feuer der für Sie kompliziertesten Umstände: inmitten von Beziehungen im täglichen Leben.

Bitte denken Sie daran, dass ich mit „Beziehungen" nicht nur intime Beziehungen meine. Zu den Beziehungen gehören alle Momente, in denen Sie sich in Gesellschaft einer anderen Person befinden. Sogar Ihre Beziehungen zu Objekten der Natur, der Kunst und zu Ideen können dazugehören. Und natürlich geht es zuerst und vor allem um Ihre Beziehung zu sich selbst. Aus dieser Perspektive gesehen, *ist* das Leben Beziehungen. Selbst wenn Sie ganz allein sitzen, lernen Sie etwas über sich selbst, indem Sie mit dem umgehen, was der Geist produziert und wie der Körper sich verhält.

Mein Verständnis von Beziehungen als ein Vehikel für die Selbsterkenntnis folgt aus dem, was ich vor 40 Jahren von Krishnamurti gelernt habe. Für ihn waren Beziehungen, Bewusstheit und das Lernen eine unteilbare Praxis. Natürlich schätzte er den Wert und die Wohltaten des Sitzens in Abgeschiedenheit. Doch er betonte die Dringlichkeit des Lernens von Sensibilität in Beziehungen. Dies wurde mir kristallklar gegen Ende der Tage, die wir zusammen verbrachten, als er den Campus besuchte, wo ich viele Jahre lang gelehrt habe. Ich fragte ihn: „Können Sie mir eine Hausaufgabe geben, etwas, das ich tun kann?" Er antwortete: „Achten Sie darauf, wie Sie *tatsächlich* leben!"

Es ist mir unmöglich, genau wiederzugeben, wie er diese Worte aussprach. Er sah mir tief in die Augen und in seiner Stimme lag eine elektrische Spannung. Und dann wiederholte er den Satz: „Wie Sie *tatsächlich* leben." Das führte er dann weiter aus: Nicht, wie Sie denken, dass Sie leben sollten. Nicht, wie religiöse Lehren Ihnen sagen, dass Sie leben sollen. Nicht wie Ihre Eltern Ihnen gesagt haben, wie Sie leben sollen. Sondern wie Sie *tatsächlich* leben.

Diese „Hausaufgabe" machte tiefen Eindruck auf mich. Dies war der Beginn meiner Praxis. Ich bin von Natur aus eher ein kontemplativer Mensch und liebe es, mich lange in die Einsamkeit zurückzuziehen. Aber ich begann nicht in dem Glauben, dass das Sitzen die Hauptrolle dabei spielte. Ich verstand von Anfang an, dass das gesamte Spektrum der Menschen in meinem Leben, von meinen Eltern bis zum Kassierer im Laden an der Ecke, nicht außerhalb meiner Praxis lag.

Seither haben meine eigene Praxis und meine Arbeit mit zahllosen Yogis die Überzeugung verstärkt, dass die Übung in Beziehungen nicht nur für Meditierende von vorrangiger Bedeutung ist, sondern auch für die Welt, in der wir leben. Wäre Weltfrieden denn ohne Frieden zwischen Menschen in Beziehung zueinander möglich?

Am *Cambridge Insight Meditation Center* (CIMC) fühlen wir uns der Übung von Bewusstheit in Beziehungen verpflichtet. Doch nicht jeder teilt unsere Überzeugung, dass dies eine echte Dharma-Praxis ist – mit der Betonung auf „Dharma". Dies wurde mir deutlich, als ein prominenter Vipassana-Lehrer in das Zentrum kam und um Ratschläge für die Gründung seines eigenen neuen Stadtzentrums bat. Was Überzeugungen und Methoden anging, waren wir beide völlig einer Meinung, bis ich unser System der Einzelgespräche mit Schülern erklärte. Anders als in traditionellen Zentren, wo die Lehrer hauptsächlich im Rahmen von Retreats formelle Einzelgespräche gewähren, bieten wir sie das ganze Jahr über an. Während dieser regelmäßig eingeplanten Begegnungen, die oft wesentlich länger ausfallen als die Gespräche während der Retreats, befragen wir die Schüler über ihr tägliches Leben. So ist es unvermeidlich, dass das Thema von Beziehungen oft in diesen Gesprächen vorherrscht.

Der uns besuchende Lehrer war erstaunt über diese Vorgehensweise. Seine Fragen waren durchaus verständlich: Wäre das gewöhnliche zehnminütige Einzelgespräch nicht ausreichend, um die echten Probleme der Übung zu besprechen? Warum sollte man den Yogis nicht raten, einen gut ausgebildeten Therapeuten aufzusuchen, wenn sie ausführlich über Probleme im täglichen Leben sprechen wollen?

Mir war bereits bei der Gründung des CIMC klar, dass es notwendig sein würde, hier ein Gleichgewicht zwischen innovativen Ansätzen und der reichen und uralten Tradition des Vipassana zu finden. Zum Glück erhielt ich hierzu verständigen Rat von vielen Lehrern – wobei ich diesen von einigen eher erwartet hätte als von anderen. Mein guter Kollege und teurer Freund Corrado Pensa stellte mich einer seiner Lehrerinnen vor, Schwester Paula, einer Karmeliter-Nonne. Sie sollte einen tiefen Einfluss auf die Zukunft des CIMC haben. Als ich ihr vor 25 Jahren begegnete, nachdem ich ein Retreat in Italien geleitet hatte, hatte sie bereits seit 26 Jahren auf dem von einem Maschendrahtzaun umgebenen Gelände ihres zutiefst kontemplativen Ordens gelebt. Ohne diesen Bereich jemals zu verlassen, schulte sie sieben Nonnen des Klosters und zahllose Besucher.

Ich verbrachte eine ganze Woche in dem Nonnenkloster. Zweimal am Tag traf ich mit Schwester Paula zusammen, die ein wunderbares Menschenwesen mit einem frischen und wachen Geist und einem großen Sinn für Humor war. Als ich mit ihr über meinen Wunsch sprach, die Beziehungen zu betonen, die einen so großen Anteil des Lebens unserer Schüler ausmachen, fragte sie: „Gibt es da denn nicht eine Verantwortlichkeit?"

Ihre Antwort verblüffte mich und ich bat sie, sie näher zu erklären. „Ich habe Ihnen nun eine Woche lang zugehört", antwortete sie, „und ich habe den Eindruck, dass die Menschen in Ihrem Zentrum Rechenschaft über ihre Sitz- und Retreatpraxis ablegen. Und Sie sprechen mit ihnen darüber, was eine Form von Verantwortlichkeit ist. Das sagt diesen Menschen auch, dass Sie echte Wertschätzung für ihre formelle Meditationspraxis besitzen. Aber wenn Sie Ihre Schüler dazu anleiten, Achtsamkeit und Unterscheidungsvermögen in ihre Beziehungen einzubringen, und dann niemals nachfragen, wie es damit steht, dann glauben die Schüler nicht, dass dies ein wichtiger oder bedeutsamer Teil des Dharma-Lebens ist. Sie sagen ihnen einfach nur, sie sollten hinausgehen und achtsam sein, bieten ihnen aber keine Möglichkeit, über das Ergebnis der Anwendung von Achtsamkeit in ihren Beziehungen zu sprechen."

Anders formuliert, sagte sie uns: Solange wir keine präzisen Fragen stellten, würden wir den Schülern nicht die Botschaft vermitteln, dass Bewusstheit in Beziehungen eine echte Dharma-Praxis sei. Bei unserer Rückkehr nach Cambridge setzten wir diesen verständigen Rat auf zweifache Weise um. Zuerst einmal fragen die leitenden Lehrer in Praxisgruppen und Einzelgesprächen nach Beziehungen und dem täglichen Leben. Wir benutzen dabei dieselben bewährten Dharma-Prinzipien, die von den Vier Edlen Wahrheiten geprägt sind, und wenden sie auf zwischenmenschliche Situationen an. Die Herausforderung besteht für mich darin, mir diese Probleme nicht wie ein erfahrener Psychotherapeut anzuhören, der ich natürlich nicht bin, sondern mit einem Dharma-Ohr zuzuhören.

Ich schuf auch ein neues Retreatmodell, das wir das Sandwich-Retreat nannten. Es erstreckt sich über zwei Wochenenden – die beiden Brotscheiben des Sandwichs – und die Abende an jedem Wochentag dazwischen, die den Belag des Sandwichs ausmachen. An den Wochenenden werden formelles Sitzen und Gehmeditation praktiziert, wie in jedem Vipassana-Retreat. An den Wochentagen geht es um Achtsamkeit für die Inhalte unseres täglichen Lebens und um das, was wir aus dieser Aufmerksamkeit lernen. Wenn wir an diesen Abenden auf der Grundlage von Dharma-Prinzipien darüber sprechen und die Schüler uns Bericht erstatten, dann ist auch hier wieder ein System der Verantwortlichkeit vorhanden.

In Thailand, wo es wie in vielen tropischen Ländern häufige Überschwemmungen gibt, werden die Behausungen der Menschen oft beschädigt oder ganz zerstört. Deshalb prägte der Wald-Meister Ajahn Chah den Spruch: „Wenn Sie durch eine Überschwemmung Ihr Heim verlieren, ist es dann möglich, nicht auch noch den Verstand zu verlieren?"

Zweifellos kommt es im Leben eines jeden von uns zu tragischen Ereignissen. Die subtilere Frage ist: „Wie reagieren Sie darauf? Welche Beziehung haben Sie zu dem, was passiert?" Die Lehre Buddhas hierzu ist revolutionär und zugleich einfach. Sie versucht, Ihre Beziehung zu Ihrer Lebenserfahrung zu verändern, worin auch immer diese bestehen mag, einschließlich Ihrer Beziehungen zu anderen Menschen. Die meiste Zeit über versuchen Sie das, was Ihnen geschieht, entweder festzuhalten oder es abzuwehren. Diese gewohnheitsmäßigen Reaktionen resultieren aus einem Mangel an Verständnis dafür, wohin ein bestimmtes Handeln im gegenwärtigen Moment und darüber hinaus führt.

Meiner Erfahrung nach bringt nichts anderes unsere Reaktionsfreudigkeit so dramatisch zum Ausbruch wie Beziehungen, besonders die intimsten Beziehungen. Ihre Reaktionen sind automatisch – es ist so, als würden Sie sich mit einer Nadel in den Finger stechen: Sie bluten. Hier in Amerika sagen wir, dass jemand „unsere Knöpfe drückt". Ihre Knöpfe werden gedrückt und Ihre Reflexe werden aktiv, weil sie konditioniert sind. Es sind alte Programme, die in der Gegenwart womöglich leicht modifiziert wurden, und Sie reagieren automatisch.

Im Allgemeinen sehen, hören und sprechen Sie mit den Augen, Ohren und der Stimme von gestern, wobei Sie oft überzeugt sind, reflexartige dramatische Reaktionen seien ein Zeichen von Spontanität. Aber sollten Sie wirklich auf solche Gewohnheitsreaktionen stolz sein? Es ist möglich, ein ganzes Leben lang immer und immer wieder in dieselben negativen Muster zu verfallen und sie nur geringfügig abzuwandeln. Beziehungen sind fließend und dynamisch, wobei sich in jedem Augenblick neue Bedingungen ergeben. Statt jedoch auf die andere Person im neuen und gegenwärtigen Moment zu antworten, neigen Sie dazu, der Gegenwart starre Bilder aus der Vergangenheit überzustülpen. Wir alle neigen dazu, vor allem im Umgang mit unseren engsten Vertrauten.

Es gibt eine wunderbare Geschichte aus der islamischen Tradition der Sufis. Der weise Narr Mullah Nasruddin sitzt unter einem Baum und isst brennend scharfe Pfefferschoten. Dabei strömen ihm die Tränen nur so aus den Augen. Trotzdem nimmt er eine Schote nach der anderen zu sich. Schließlich fragen die Leute um ihn herum: „Mullah, warum esst Ihr diese brennend scharfen Pfefferschoten?" Er antwortet: „Ich warte auf eine süße Schote."

Ist es möglich, das intensive Brennen der Reaktivität zu löschen? Ich weiß, dass Sie nicht passiv hoffen und darum beten müssen, beim nächsten Mal freundlich und ruhig zu reagieren. Ich weiß, dass Sie konditionierte Muster auflösen können. Wie macht man das? Indem Sie Ihre alte Freundin, die Bewusstheit, mit oder ohne Unterstützung des Atems auf die Tatsache Ihrer Reaktionen lenken.

Wenn Sie mit diesem Ansatz arbeiten, dann erwischen Sie Ihre konditionierte Reaktion des Ärgers über Ihren Ehepartner, der Enttäuschung über eines Ihrer Kinder oder der Frustration über Ihre Eltern in dem Moment, wo sie auftaucht. Sobald die Energie dieses direkten Sehens die Energie Ihrer Reaktivität berührt, eröffnet sich aufgrund der Selbsterkenntnis ein neuer Ansatz. Die Bewusstheit transformiert die automatische Reaktivität in eine frische und authentische Antwortbereitschaft, die jetzt einem klareren Geist entspringt. Sie sehen den gegenwärtigen Augenblick angemessen, statt ihn mit starren Schlussfolgerungen aus der Vergangenheit zu überlagern. Eine Reaktion ist alt und schal, eine Antwort frisch und angemessen.

Ich möchte Ihnen von einem Gespräch mit einem Yogi erzählen, das für viele der Rückmeldungen steht, die ich von Schülern erhalten habe. Bitte beachten Sie, dass es oft die scheinbar gewöhnlichsten Situationen sind, die uns die tiefsten Einsichten in die Lehren Buddhas schenken können. In dieser „einfachen" Geschichte geht es um einen Ehemann in einer liebevollen und bereits lange bestehenden Ehe, der seinen chronischen Ärger über seine Frau nicht verstehen konnte. Ihre Art zu reden reizte ihn oft und ebenso ihre häufig intensiven und stürmischen, ihre Familie und ihre Freunde betreffenden Gefühlsausbrüche. Manchmal machte ihn ihr Verhalten überaus wütend, und trotz vieler Jahre der formellen Meditation und der Praxis im täglichen Leben führten seine Reaktionen zu dem immer gleichen Streit und zu unschönen Momenten in ihrer Ehe.

Ich schlug diesem Yogi vor, sich auf den Ansatz der Bewusstheit in Beziehungen zu konzentrieren. Er begann mit dieser Praxis, und obwohl er von Cambridge fortzog, erhielt ich kürzlich einen Brief, in dem er mir schrieb, er habe einen Punkt erreicht, an dem er nun nicht mehr verärgert auf das Verhalten seiner Frau reagiere.

Es war vorbei mit den konditionierten Reaktionen wie ,Ich hasse es, wenn sie so laut redet. Warum kann sie nicht etwas ruhiger sein!' Wenn er die Gereiztheit über ihre Ausbrüche aufsteigen fühlte, wandte er seine Bewusstheit nach innen und betrachtete diese Gereiztheit. Indem er dies über einen langen Zeitraum immer wieder tat, entdeckte er, dass seine häufige Ungeduld seinem Wunsch entsprang, seine Frau möge sich seinen Bedürfnissen und nicht ihren eigenen Bedürfnissen entsprechend verhalten. Statt in einen gewohnheitsmäßigen Modus der Reaktivität zu verfallen – ,Wenn meine Frau in einem bestimmten Tonfall redet, reagiere ich automatisch mit Ärger' –, durchbrach er dieses Muster, indem er seine Bewusstheit auf das richtete, was im Augenblick geschah, und das umfasste ihre Worte und seine Reaktion darauf.

Selbsterkenntnis und Bewusstheit haben diese Wirkung. Zuerst dämpften diese seine Reaktivität, wenn er die Verärgerung über seine Frau beobachtete, schließlich verschwand sie ganz. Statt seine Frau durch den Filter seines verärgerten Reaktionsmusters zu sehen, sah er sie mit neuen Augen. Gleichzeitig, so versicherte er mir, trennte er sich nicht von der Situation ab, sondern blieb achtsam für seine Frau und seine eigenen inneren Reaktionen. In diesem Moment, in seiner Küche, blieb er im Augenblick und benutzte die Praxis des Präsentseins in Beziehung.

Indem er dies tat, machte er den wesentlichen Schritt von der Verurteilung zum Verständnis. So etwas ist Ihnen allen möglich. Mit einiger Übung lernen Sie, in Kontakt mit Ihren inneren Reaktionen zu bleiben und gleichzeitig auf andere Menschen zu achten. Manchmal ist Ihre Aufmerksamkeit stärker auf den anderen gerichtet, aber Sie haben nicht den Kontakt zu sich selbst verloren; manchmal ist es andersherum und Sie sind Ihrer selbst sehr viel stärker bewusst als der anderen. Das ist so wie Ebbe und Flut. Ich benutze diese Übung, in der ich die Aufmerksamkeit hin und her gehen lasse, wenn ich innerhalb kurzer Zeit Gespräche mit Dutzenden von Yogis führe, und ich weiß aus eigener Erfahrung, dass dies eine Herangehensweise ist, die hilft, den Geist für jede neue Begegnung frisch und offen zu halten.

Am Ende dieses umsichtigen und offenherzigen Briefes berichtete der Yogi mir, dass seine Ehe jetzt sehr viel befriedigender sei. Er hatte seine Frau auch während all der Jahre ihres Auf und Ab geliebt, doch jetzt hatte er diese Praxis genutzt, um das Muster seiner ausufernden Verärgerung zu durchbrechen, und seine intimste Beziehung war nun harmonisch. Das war keine kleine Sache.

Die alten Chinesen verwendeten das Bild des Gastgebers, um diesen beobachtenden stabilen Meditierenden zu bezeichnen. Viele Gäste besuchen diesen Gastgeber. Einige davon waren eingeladen; sie sind im Allgemeinen freundlich und charmant und es ist eine Freude, sie aufzunehmen. Einige sind nicht eingeladen; sie betrinken sich, sind rüpelhaft und essen alle Vorräte auf. Oder sie stehen herum und starren in die Luft.

Werden Sie vom Verhalten Ihrer Gäste dermaßen in Anspruch genommen, dass Sie vergessen, dass Sie für die Situation zuständig sind, dann sind Sie nicht länger der Gastgeber. Vermögen Sie angesichts all der unterschiedlichen Besucher, die kommen und gehen, wach zu bleiben? Dies ist Ihre Übung, wenn Sie sitzen: der Gastgeber zu sein, Bewusstheit selbst zu sein.

Stellt es eine größere Herausforderung dar, gleichmütig und ruhig zu bleiben, wenn Sie in Beziehungen praktizieren? Natürlich! Manchmal werden Sie dermaßen von Empfindungen und Emotionen überwältigt, dass Sie „geblendet" sind und die andere Person oder die Gruppe von Menschen vor sich nicht mehr sehen. Sie verlieren sich in Ihre Verwirrung oder Freude oder in Ihr Verlangen. Das Bild des Gastgebers soll Sie daran erinnern, dass Sie mit voller Aufmerksamkeit bei der anderen Person bleiben, um zu hören und zu sehen, was sie im gegenwärtigen Moment sagt und tut. Gleichzeitig erinnert es Sie daran, im Kontakt mit sich selbst zu bleiben. Auch hier haben wir wieder Ebbe und Flut der Aufmerksamkeit.

Wenn Sie diese Praxis entwickeln, löst sich der Filter vergangener Bilder durch die sehende Energie der Bewusstheit von selbst auf. Vielleicht haben Sie und Ihre Tochter im Teenager-Alter den gleichen Streit in der einen oder anderen Form bereits Hunderte von Malen ausgefochten: Sie fordern sie barsch auf, ihr Zimmer aufzuräumen, und sie knallt die Tür zu und schreit: „Lass mich in Ruhe!" Sie schreien zurück oder Sie ziehen sich in verärgertem Schweigen zurück. Dann weigert sich Ihre Tochter, zum Abendessen zu kommen – und so zieht sich der Streit immer weiter hin. In den buddhistischen Lehren wird das Wort *Papanca* für diese Kettenreaktion verwendet: Die Emotionen nehmen kein Ende und tiefes Leid resultiert daraus.

Wenn Sie mit dem klaren, frischen Geist der Bewusstheit antworten, schwächen Sie die Papancas und durchbrechen das Muster der Reaktivität. Selbst wenn Sie das Gleiche sagen wie zuvor, haben Ihre Worte doch eine andere Wirkung. Sie könnten sagen: „Bitte räume deine Kleider und Bücher und Stofftiere weg." Wenn Ihr Geist frisch und Ihre Energie wohlwollend ist, ist die Chance größer, dass Ihr Kind auf Sie hört und freundlich reagiert. Kommen dieselben Worte jedoch aus Ihrer Reaktivität, dann sind sie von Zorn genährt. Wo das geschieht, kann die andere Person Sie nicht hören, weil sie sich angegriffen fühlt. In vielen Situationen verteidigen wir Menschen uns gegen diese realen oder erwarteten Angriffe. Manchmal ist uns das bewusst, oft jedoch nicht.

Beziehungen und Lernen funktionieren gemeinsam. In gewisser Hinsicht ist die Praxis in Beziehungen eine fortlaufende lebenslange Lernerfahrung. Für mich ist dieses lebenslange Lernen das Interessante an diesem Ansatz. Ich verspreche Ihnen, dass er Ihnen, wenn Sie immer wieder dazu zurückkehren, eine unerschöpfliche Quelle konkreter Hilfe erschließt, die Ihnen hilft, vom Verurteilen zum Verständnis und von konditionierten Reaktionen zu einer frischen, authentischen Antwort zu kommen.

Wo das geschieht, bringt der Geist, der die andere Person sieht, sich selbst durch weiseres und freundlicheres Handeln zum Ausdruck. Dies ist keine Reaktion, die Sie machen oder kontrollieren können. Sie entsteht von selbst aus einem ruhigen und klaren Geist.

Viele Yogis sind bereit, Beziehungen als echte Praxis zu nutzen, und sie sind zufrieden, wenn sie eine friedliche, angenehme Beziehung zu ihrem Partner, ihren Kindern oder ihren Mitarbeitern erreicht haben. Dies ist eine überaus wertvolle Entwicklung auf dem Pfad von seelischem und spirituellem Wachstum. Wenn Sie jedoch bereit sind, die Bewusstheit in Beziehungen über diesen Punkt hinaus auszuweiten, dann kann Sie der nächste Schritt auf der inneren Reise noch sehr viel weiter führen. Er kann Sie zu einem tieferen Verständnis der wahren Natur des ursprünglichen Geistes führen, eines Geistes, der nicht von angesammelten Konditionierungen verdunkelt ist.

Durch Beziehungen, insbesondere unsere engsten Beziehungen, wird unser Knopf für das *„Self-ing"* unablässig gedrückt. In diesem Bereich stößt man auf die größten Bedrohungen für ein festgeschriebenes Selbstbild und für egoistische Gewohnheiten.

In einer ganzen Reihe von Suttas hat der Buddha gelehrt, dass das Anhaften an „ich" und „mein" die Wurzel des Leidens ist. Wenn Sie die Vier Edlen Wahrheiten, die lehren, dass das Leiden von Begehren und Anhaften verursacht wird, in die Tiefe gehend erforschen, dann erkennen Sie, dass es das „Ich" ist, welches begehrt und sich weigert loszulassen. In der Dharma-Praxis geht es um eine Freiheit vom Leiden, die erreicht wird, indem man das Ich vergisst oder darüber hinausgeht. Unser alter Freund Dogen, der japanische Zen-Meister, hat das wunderbar formuliert: „Den Buddhadharma erforschen heißt, das Ich zu erforschen. Das Ich erforschen heißt, das Ich zu vergessen. Das Ich vergessen heißt, von allen Dingen erleuchtet zu werden." Er sagt damit, dass das Ich nicht länger mit dem *„Self-ing"* beschäftigt ist. Es ist nicht total von sich selbst eingenommen. Es ist einfach nur präsent, wach und klar. Auf diese Weise bringen Sie das tiefste Problem zum Vorschein, das Sie haben – nämlich *Sie selbst.* Von meinem persönlichen Standpunkt aus gesehen, ist die problematischste Person auf diesem Planeten Larry Rosenberg.

Das, was wir unser Ich nennen, besteht zum größten Teil aus unserer eigenen Geschichte: wo ich geboren wurde, was seither

geschehen ist, meine gewohnten Befürchtungen, Ängste, Bestre-
bungen, Verluste und Freuden. Niemand, der dieses Buch liest,
hätte keine solche Geschichte. Wenn Sie einer neuen Person begegnen, wird vielleicht etwas davon offenbar. Sobald sich Ihre
Beziehung intensiviert, revidieren Sie vielleicht das Material.
Manchmal kommen Sie zu dem Schluss, dass Sie ein vorbildlicher
Partner, Freund oder Angestellter sind. Es kann aber auch sein,
dass Sie sich in Ihren Beziehungen zu anderen als hoffnungsloser
Fall fühlen. Bei fast jeder Begegnung sehen Sie, wie Neigungen
aufwallen und wie es zu massenhaften Widersprüchen kommt –
und das alles hat mit diesem dynamischen Energiebündel zu tun,
dass Sie für Ihr Ich halten.

Wenn sich jedoch Ihre Praxis von Bewusstheit in Beziehungen
vertieft, dann ändert sich Ihre Vorstellung vom Ich. Indem Sie Ihren Geist beobachten, sehen Sie unablässig vom Geist geschaffene
Bilder und Erfindungen. Ihnen wird klar, dass die Geschichte von
„ich" und „mein Leben" vergänglich ist und keine Substanz besitzt.
Alle buddhistischen Traditionen bezeichnen diese Substanzlosigkeit oder Leere (Sunnata, Skrt. Shunyata) als das Kronjuwel des
Dharma. Leer wovon? Leer vom Haften an „ich" oder „mein".

Möchten Sie Ihre Geschichte etwa loslassen? Wahrscheinlich
nicht – Sie haben zu hart daran gearbeitet. Sehen Sie nur, wie viel
Zeit, Energie und Geld Sie investiert haben, um Ihr Ich aufzubau-
en, wie Sie es poliert, trainiert, angekleidet und erzogen haben,
um es zu verbessern. Sie sind in die Schule und auf die Universität
gegangen, und Sie sind gereist, um es zu verfeinern und zu verbessern. Oft sind Sie ein begeisterter Anhänger der Stärkung und
Verbesserung des Ich. Vielleicht haben Sie sich auch auf Selbstvervollkommnung fixiert – Sie wünschen sich ein spirituelleres oder
sogar ein mitfühlenderes Ich. Was auch immer es ist, Sie arbeiten
an Ihrer Persönlichkeit, Sie versuchen, sie zu verbessern, sie ein
wenig aufzupolieren oder abzuschleifen.

Wenn Sie aufmerksam üben, wird der Zeitpunkt kommen, zu
dem Ihr Sehen so klar und stabil ist, dass es sehr viel leichter wird,
Ihre Geschichte loszulassen. Was würde es denn nützen, weiter

festzuhalten? Woran festhalten? Sie greifen danach – und es ist bereits verschwunden, weil Ihre Stimmung oder die Umstände Ihres Lebens sich verändert haben. Es ist Schnee von gestern. Oder das, wofür Sie sich selbst in einem Moment oder in einem Jahr halten, steht im Widerspruch zu den Veränderungen, die Ihr Leben mit sich bringt. All die Bilder und Vorstellungen, die im Geist auftauchen und die sich als ein „Ich" präsentieren, mit dem Sie sich normalerweise identifizieren, werden tatsächlich immer weniger interessant als das, was hinter diesen Vorstellungen steht.

Um es anders zu formulieren: Sich selbst zu erkennen bedeutet, auf tiefschürfende Weise all das aufzudecken, was Sie *nicht* sind. Achtsamkeit in Beziehungen ist ein wirksames Mittel, diese Missverständnisse wegzuspülen und vom Haften an „meiner Geschichte" abzulassen. Die Mathematik dieses Ansatzes der Dharma-Praxis betont die Subtraktion, nicht die Addition.

Kommt es durch die Übung von Meditation auch zu einer gewissen Selbstvervollkommnung und einer Zunahme der Selbstachtung? Natürlich. Was ich jedoch hier betone, ist eine Praxis, die Sie in eine wesentlich weniger konventionelle Richtung führt: Sie führt zu der Befreiung von dem Glauben an eine konkrete und stabile Wesenheit, die Sie Ihr „Ich" nennen. Sie beginnen, Gedanken – „Ich bin ein wunderbarer Mensch" oder „Ich bin ein Idiot" – als bloße Gedanken zu sehen. Sie verabschieden sich von der Sicherheit fixer Ideen, wie etwa „Ich bin in einer Krise unerschütterlich ruhig" oder „Ohne mich würde diese Organisation den Bach runtergehen". Wenn Sie sehen, dass Ihnen lieb gewordene Selbstbilder von Gewohnheiten des konditionierten Geistes zusammengebraut wurden, dann besteht Ihre einzige echte Sicherheit in dem Geist, der klar und frei ist von Konditionierung aus der Vergangenheit: frei von kulturellen und persönlichen Geschichten.

Alle Methoden und Ansätze der Vipassana-Übung richten uns darauf aus, vom konditionierten zu diesem unkonditionierten Geist überzugehen, zu Bewusstheit an und für sich. Sie befreien uns, mit anderen Worten, vom Leiden.

Ein Cartoon, den ich sah, während ich in Japan Zen praktizierte, illustriert dieses Verständnis wunderbar. Stellen Sie sich einen japanischen Zen-Mönch vor, der einen großen Sack auf dem Rücken trägt. Er geht barfuß einen Sandstrand entlang, vornüber gebeugt und mit einem unglücklichen Gesichtsausdruck. Seine Spuren im Sand gleichen tiefen Gräben. Auf dem Sack steht das Wort „Ich".

• • • • •

In dem Abschnitt über die Wahlfreie Bewusstheit in Kapitel 3 haben wir über die Kraft und die Schönheit des stillen Geistes gesprochen, der in der formellen Meditation auftauchen kann. Nun bringen wir diese Eigenschaft in den Bereich unserer alltäglichen Beziehungen ein. Bitte denken Sie daran, dass diese Stille grenzenlos ist. Sie geht weit über Ihre Begegnungen mit Ihrer Familie und Ihren engsten Freunden hinaus. Sie umfasst Kollegen, Arbeitgeber und Busfahrer. Sie wird zu einer Lebensweise, die sich immer weiter und weiter ausdehnt.

Zuerst jedoch ein Wort der Warnung im Hinblick auf die Natur des stillen Geistes. Liest man buddhistische Texte, dann mag es manchmal so aussehen, als würde der stille Geist unfehlbar mit Weisheit und Mitgefühl agieren. Doch ganz gleich, wie klar die Energie Ihres Sehens wird, ganz gleich, für wie weise und mitfühlend Sie sich im Umgang mit Menschen in Ihrem Leben halten, Sie müssen doch in jedem Moment aufmerksam sein. Das Gesetz des Karma, von Ursache und Wirkung, ist in menschlichen Begegnungen unablässig wirksam. Was bei einer Interaktion weise und geschickt zu sein scheint, kann sich bei einer anderen Interaktion als falsch oder sogar schädlich erweisen. Und Sie können niemals die Wirkung Ihrer Worte oder Handlungen auf andere Menschen vorhersehen. Beobachten und lernen Sie!

Anders gesagt: Selbst wenn Sie aus der höchsten Weisheit, die sich zu diesem Zeitpunkt manifestiert, heraus antworten, wird es zu Fehlern kommen. Das gilt für Ihre persönlichen Beziehungen, aber auch für Ihre Beziehung zur Natur, zum Geld, zur Nahrung, zum Sex oder zum Sport.

Natürlich übernehmen Sie die volle Verantwortung für Ihr Handeln, aber als Meditierender lernen Sie auch, dass eine scheinbar schlechte Situation tatsächlich eine gute Situation sein kann. Warum? Weil sie Ihnen die Gelegenheit gibt, etwas über sich selbst zu lernen und sich von alten Mustern zu befreien. Mit anderen Worten: Fehler können helfen, Ihren Geist von seinem konditionierten zu einem unkonditionierten Zustand zu führen. Sie können also eine Gelegenheit zur Weisheit sein.

Thich Nhat Hanh vergleicht unsere Erfahrungen mit Kompost, und ich finde, dass dieses Bild sehr zutreffend ist. Die meisten Menschen betrachten Muster der Reaktivität als Abfall, den man wegwerfen muss. Doch die Dharma-Praxis macht sie zu einem Dünger, mit dem sich nahrhafte, organische Lebensmittel anbauen lassen. Sie werden weiser, indem Sie aus Ihren Fehlern lernen und Ihre eigene Dummheit und Ihren Mangel an Weisheit erkennen. Dementsprechend vermeiden Sie es, weiser zu werden, wenn Sie es vermeiden, Ihre Fehler direkt anzusehen und aus ihnen zu lernen.

Denken Sie an die Lehre Buddhas im *Kalama Sutta:* Weisheit ist nichts Festgeschriebenes. Sie ist lebendig und muss von Moment zu Moment gelernt und auf die Probe gestellt werden. Sie werden bei Ihrem Handeln Fehler machen. Sie werden dumme Dinge tun. Sie werden andere Menschen verletzen. Einige von Ihnen werden aus diesem reichhaltigen Reservoir von Fehlern lernen, andere werden es leider nicht tun. Wenn Sie zu denen gehören, die lernen, dann kann die Übung der Meditation zu einer unendlich interessanten Reise werden, statt ein abstraktes Ziel zu bleiben.

Die Pilgerschaft findet innerlich statt, in unserem Geist und unserem Herzen. Dort vollzieht sich die wahre Reise. Der Atem kann uns auf dieser inneren Reise helfen. Er ist der Ort, an dem viele Meditierende anfangen. Einige von Ihnen werden weiterhin den Atem als ein wichtiges Vehikel verwenden, während sie immer mehr Einblicke in den unkonditionierten Geist gewinnen. Andere werden sich für eine der vielen anderen Methoden entscheiden,

die der Buddha uns gelehrt hat, einschließlich der Methode ohne
Methode oder der Wahlfreien Bewusstheit.

Dieses Buch legt besonderen Wert auf das tägliche Leben und
auf Beziehungen, weil diese oft vermieden, vernachlässigt oder für
weniger spirituell gehalten werden als die „offizielle" formelle Praxis. Doch bitte denken Sie an das, was ich zuvor gesagt habe: Das
Leben geht *allen* Methoden voraus, ob es nun Leben in der Form
des Sitzens auf einem Kissen oder in der Form von Geschirrspülen
ist. Verlangen und Abneigung können überall auftauchen. Jedes
Element des Lebens verlangt eine klare Wahl richtigen Handelns
in einem gegebenen Moment. Wo auch immer Sie sich befinden,
sind Bewusstheit und Atmung eine Methode, die Ihnen hilft, wach
zu bleiben, zu lernen und in jedem Aspekt des Lebens frei zu werden. Sie sind dazu da, Ihnen zu helfen, Ihr Leben geschickt zu leben, sodass es für Sie und für andere segensreich ist. Ist das nicht
der Grund, warum Sie Meditation praktizieren, sei es in einem Retreat oder im täglichen Leben?

Der Buddha hat uns die Sicht des Lebens einer Person präsentiert. Er war ein menschliches Wesen, das versuchte, die Tiefen
der menschlichen Psyche zu erkunden, herauszufinden, was es mit
dem Leiden auf sich hat, und der einige seiner Erkenntnisse mit
uns teilte. Für mich ist er ein Führer zum Leben, und ich fand mich
glücklicherweise, ebenso wie Sie, dazu eingeladen, seine Lehren
zu erforschen. Indem ich immer wieder gesehen habe, wie seine
Lehren in meinem eigenen Leben und im Leben anderer bestätigt
wurden, sind zunehmend Energie und Freude aufgetaucht. Deshalb praktiziere ich weiter.

Was aber, wenn bewiesen würde, dass es den Buddha nie gegeben hat – dass eine Gruppe brillanter Wissenschaftler in der
Denkfabrik einer großen Universität sich diese Figur ausgedacht
und Lehren zusammengestellt und ins Pali und Sanskrit übersetzt
hat, von denen sie behauptet, sie seien fast 3000 Jahre alt? Wissen
Sie was? Ich würde trotzdem praktizieren. Selbst wenn der lingu-
istische und akademische Überbau und die historischen Folgerun-
gen wegfallen und die Lehren sich als etwas Erfundenes erweisen

würden, würde ich weiterhin praktizieren. Warum? Weil ich noch keine bessere Weise zu leben gefunden habe. Wäre es denn eine bessere Option, *nicht* aufmerksam zu sein, *nicht* lernen zu wollen und in den Wunden der Vergangenheit zu leben? Natürlich nicht. Bewusstheit und Selbsterkenntnis sind Synonyme für völliges Lebendigsein.

Ich bin diesem Menschen, der Buddha genannt wird, und den Menschen, die seine Lehren über Tausende von Jahren lebendig erhalten haben, ungemein dankbar. Ich hatte das große Glück, diese Lehren von äußerst begabten Lehrern zu empfangen, und sie waren mir eine riesige Hilfe. Ich hoffe, dass sie auch Ihnen helfen. Aber im Wesentlichen besteht mein Job darin, Sie auf sich selbst zu verweisen. Auch wenn es Suttas und Techniken und verschiedene Herangehensweisen gibt, und auch wenn Sie alle sich gegenseitig ermutigen und manchmal sogar inspirieren können, bleibt die herausfordernde und freudige Arbeit letztlich Ihnen selbst überlassen. Ganz gleich, welchen Grad des Erwachens Sie erreichen, Sie befinden sich gewissermaßen in der Übertragungslinie Buddhas. Sie treten in denselben Strom ein, indem Sie sich um den gegenwärtigen Augenblick kümmern, den Augenblick, in dem Praxis und Erwachen, das Unkonditionierte und Bewusstheit ein und dasselbe sind. Indem Sie praktizieren, öffnen Sie sich immer weiter der Wahrheit über sich selbst, über andere und über die Natur des Geistes. Sie leben mehr und mehr in Bewusstheit.

Zum Abschluss dieses nachdenklichen Führers zur Praxis möchte ich mein erstes und wahrscheinlich auch letztes Gedicht mit Ihnen teilen. Sollte eine gewisse Eitelkeit darin liegen, bitte vergeben Sie mir. Es hat wahrscheinlich damit zu tun, dass es mir mein Leben lang an poetischen Fertigkeiten gemangelt hat.

Während einer friedlichen und stillen Periode der Sitzmeditation tauchten vor einigen Monaten „aus heiterem Himmel" die folgenden Gedanken auf. Sie kamen als totale Überraschung, besonders als mir klar wurde, dass diese Worte ein höchst kondensiertes Resümee von 40 Jahren kontemplativer Praxis darstellen.

Ich überlasse es Ihnen, sie zu entschlüsseln. Es wäre mir eine Freude, wenn sie Ihnen auf Ihrer Reise zur Freiheit helfen könnten.

Wo ist Frieden zu finden?
Am gleichen Ort wie das Leid.
Wie praktisch!

· · · · ·

F: Sie haben uns aufgefordert, Ihnen mit voller Aufmerksamkeit zuzuhören, aber mein Geist ist voller Kommentare und Urteile. Können Sie die Übung des „bloßen Hörens" einer anderen Person oder einer Gruppe von Menschen beschreiben?

A: Die Übung bleibt dieselbe: Seien Sie sich dessen bewusst, was geschieht. Gerade eben, als Sie gesprochen haben, hätte mein Geist sagen können, „Oh je, das wird eine lange Antwort" oder „Ich bin müde, ich möchte am liebsten unter die Dusche". Oder ich hätte mental an einer faszinierenden Bemerkung feilen können, die jeden in der Übungshalle beeindrucken würde.

Aber ebenso wie Sie widme ich mich dieser Übung. Dabei sind Sie aufgefordert, dem Redenden zuzuhören, gleichzeitig jedoch auch sich selbst. Dann werden Sie Ihren Geist in Aktion erleben und herausfinden, dass Sie anderen durch einen Filter zuhören. Es könnte der Filter der Vergangenheit oder Zukunft sein. Es könnte der Filter der Angst oder des Wunsches zu gefallen sein.

Bei diesem Ansatz geht es nicht darum, mit angestrengter Verbissenheit zuzuhören. Das würde Sie nur ermüden. Sie sind vielmehr aufgefordert, offener, sensibler und wacher zu sein. Wenn Sie sich dabei der Hilfe des achtsamen Atmens bedienen, das Ihnen stets zur Verfügung steht, ist das in Ordnung. Beginnen Sie, während Sie zuhören, einfach auch zu hören, welche Ausflüge Ihr Geist macht – und lernen Sie davon. Wenn Ihre Geschicktheit und Ihre Sensibilität sich entwickeln, verliert der Filter seine Kraft. Die Klarheit des Geistes nimmt zu. Und das Zuhören wird frei von Festhalten oder Zurückweisen: Es ist „bloß Hören".

Ich gebe Ihnen ein Beispiel aus meinem eigenen Leben, welches zeigt, dass es Abstufungen in der Kunst des Zuhörens inmitten des Engagements in Beziehungen gibt. Wenn meine Frau nach Hause kommt, dann erzählt sie mir oft von den Erfahrungen, die sie bei der Arbeit mit verwirrten Patienten in der Klinik gemacht hat. Anfänglich wurde dadurch ein Knopf der Reaktivität in mir gedrückt, der einen hübschen, wenn auch unerbetenen Dharma-Vortrag auslöste. Anders gesagt: Ich nahm an, dass sie mich aufforderte, das Problem zu lösen. Mit der Zeit wurde mir klar, dass sie keine Ratschläge von mir erwartete, sondern einfach nur, dass ich ihr zuhörte. Das hat sich äußerst positiv auf unsere Gespräche ausgewirkt. Mein Geist kam in besseren Kontakt mit dem emotionalen Feld, dem ihre Worte entsprangen.

Die Kunst des Zuhörens zu kultivieren hilft Ihnen, von der Reaktivität zur Antwortbereitschaft fortzuschreiten. Einigen von Ihnen mag es vielleicht helfen, diese Fertigkeit zu entwickeln, indem sie sich in die Natur begeben und dort sitzen und atmen, während sie auf die Geräusche und die Stille um sich herum lauschen. Das ist natürlich immer eine wundervolle Möglichkeit, seine Zeit zu verbringen. Es hilft Ihnen womöglich, zu der Kunst des Zuhörens in einer stärker spannungsgeladenen Umgebung des Umgangs mit anderen Menschen überzugehen.

Die Kunst des Zuhörens wird im Allgemeinen unterschätzt. Andererseits widmet man der Kunst des Redens enorme Aufmerksamkeit und Wertschätzung. Wer flüssig und wortgewandt reden kann, vermag jeden zu beeindrucken – aber die stille Kunst des Zuhörens ist ebenso kreativ und förderlich.

• • • • •

F: Das Urteilen über andere Menschen ist ein echtes Problem für mich. Es passiert ständig, dass ich verurteile, widerspreche und anderer Meinung bin, am Arbeitsplatz ebenso wie im Umgang mit Freunden. Dann verurteile ich mich selbst für mein Verurteilen. Das scheint ein endloser Teufelskreis zu sein.

A: Sie haben recht: Das Urteilen erzeugt einen endlosen Regress. Aber dieses Muster einfach zu betrachten ist ein großer Teil Ihrer Übung. Sehen Sie, der Geist von einigen von uns weiß nicht anders auf die Dinge im Leben zu reagieren als mit Urteilen: Das kannst du nicht, du konntest es nie und du wirst es nie können! Doch wenn Sie sich in den urteilenden Geist verstricken oder versuchen, ihn loszuwerden, dann wird er nur noch stärker. Sie müssen ihm Aufmerksamkeit – sogar Liebe – zuwenden: „Hallo, da kommt ja wieder der urteilende Geist. Der Arme – Verurteilen ist alles, was er kann." Betrachten Sie ihn, als wäre er ein schwieriges Kind: Ohne Aufmerksamkeit und Fürsorge könnte es zu schwerwiegenden Problemen kommen.

• • • • •

F: *Letzte Woche verbrachte ich einen Abend mit meiner 88-jährigen Mutter. Als ich von ihrem Leiden vereinnahmt wurde und das auch verurteilte, bemerkte ich, was geschah. Daraufhin ging ich über diese Geisteszustände hinaus.*

A: Bitte denken Sie daran, dass Emotionen immer vorbeigehen. Auch wenn Sie nicht meditieren, bewegt und verändert sich alles – aber oft bleibt eine Emotion „heiß", während sie vorüberzieht. In Dharma-Sprache formuliert ist die entscheidende Frage, ob die Emotionen heiß oder kalt vergehen. Im Licht der Bewusstheit vergehen die Emotionen „kalt". Wie eine Schlange, der man die Giftzähne entfernt hat, machen sie zwar ein Geräusch, aber der Biss ist nicht gefährlich.

Dies geht jedoch nicht auf Kosten Ihres Vermögens, sich um Ihre alte Mutter zu kümmern. Eine Bewusstheitspraxis ist keine Form der Distanzierung – sie ist Nicht-Anhaften. Intimität und Bewusstheit koexistieren. Tatsächlich kann die Eigenschaft des Nicht-Anhaftens einen stärkeren Ausdruck von Zuneigung und Liebe freisetzen.

• • • • •

F: Können Sie mir helfen, zwischen einer gesunden Bindung an meinen alternden Vater, der krank ist und leidet, und einem ungesunden Anhaften zu unterscheiden?

A: Auf so etwas werde ich von vielen sensiblen und fürsorglichen Yogis angesprochen. Lassen Sie mich mit einem scheinbar albernen Szenario antworten, das aber eine weitaus ernstere Antwort illustriert. Es hat mit dem Meditationskissen zu tun, auf dem ich sitze. Ich liebe es – wirklich. Es ist der perfekte Sitz. Meine Knie und mein Kreuz schmerzen nicht. Es hilft mir, eine aufrechte wache Haltung beizubehalten. Leider gehört es nicht mir; es gehört dem Meditationszentrum.

Was wäre, wenn ich nach Hause zurückkehrte und das Kissen mitnähme? Und wenn ich so sehr daran hinge, dass ich es dort unter die Dusche mitnähme? Dann komme ich aus dem Bad und meine Frau sagt: „Was willst du mit dem patschnassen Kissen? Es ist Zeit zum Abendessen." Und wenn ich dann sage, „Ich komme zum Abendessen, aber mein Kissen muss ich mitbringen"?

Wenn ein kleiner Junge dermaßen an seinem Teddybären festhielte, würde man das süß und liebenswert finden. Doch wenn Sie 80 Jahre alt sind und mit einem tropfnassen Sitzkissen herumlaufen, dann haben Sie ein Problem.

Anders formuliert: Das Leben sagt Ihnen, wann Ihr Anhaften nicht geschickt ist. Wie tut es das? Sie sehen, dass Sie beginnen zu leiden. Vergessen Sie nicht: Der Buddha sagt uns, dass alles, was entsteht, auch wieder vergeht. Wie könnte es zu Glück führen, wenn Sie sich in einer Welt im Wandel auf irgendetwas oder irgendjemanden fixierten? Das Leben lehrt uns, dass unsere Bewusstheit als Antwort auf sich verändernde Umstände flexibel und anpassungsfähig sein muss. Sind Sie fähig, eine Beziehung oder selbst ein Objekt, das Ihnen Freude macht, wertzuschätzen und es dann gehen zu lassen? Das ist Nicht-Anhaften. Es bedeutet nicht, dass Sie keine Liebe dafür oder gar Freude daran haben. Es bedeutet Nicht-Anhaften an Liebe und Freude.

Hier geht es allerdings um Ihren Vater! Wäre es nicht seltsam, wenn Sie nicht an ihm hingen? Wenn Ihre Praxis heranreift, sehen

Sie den Unterschied zwischen Liebe und Festhalten. Bewusstheit schwächt das Anhaften und das Selbstmitleid ab, wo dieses vorhanden ist, aber nicht die Liebe. Ich weiß, dass einige von Ihnen meinen, ein erfahrener Meditierender zeige keine starken Gefühle oder er würde niemals weinen. Bitte fabrizieren Sie keine Idealvorstellung davon, was es heißt, ein perfekter Yogi zu sein. Sie alle sind Menschen – beobachten und lernen Sie.

• • • • •

F: Vor nicht allzu langer Zeit hat jemand, mit dem ich mein Leben lang befreundet war, unsere Beziehung beendet. Obwohl ich bereits seit Jahren meditiere, vermag ich nicht mit der Traurigkeit und der Verwirrung, die das in mir hervorgerufen hat, umzugehen.

A: Ich denke, dass jeder Mitgefühl angesichts Ihres Verlustes hat. Er ruft dasselbe tiefe Leiden hervor wie andere tiefgreifende Veränderungen im Leben, über die wir gesprochen haben, etwa der Verlust von Eltern, Arbeitsplatz oder Einkommen. Lassen Sie mich also kurz wiederholen, dass Sie, wenn Sie den Geist stabiler und klarer machen, mit jeder Situation umgehen können, weil Sie diese beobachten können. Sie werden herausfinden, dass ein derart geschulter Geist leichter die Gesetzmäßigkeit des Wandels sowohl auf der Makro- als auch auf der Mikro-Ebene begreift. Die Kunst des Sehens beinhaltet das Verstehen der Vergänglichkeit selbst der scheinbar konstantesten Elemente in Ihrem Leben – wie es langfristige Beziehungen, Ihr Heim oder ein ehemals fester Arbeitsplatz sind. Sind Sie bereit, sich aktiv mit den unzähligen Aspekten des Lebens auseinanderzusetzen, wozu es gehört, dass jeder unvermeidlich seine Jugend, seine Gesundheit und sogar sein Leben verliert?

Ich weiß allerdings, dass jemand, der einen so schweren Verlust erlitten hat wie den Verlust der Freundschaft, den Sie beschrieben haben, womöglich zu sehr von Kummer oder Zorn überwältigt ist, um auf diese Worte hören zu können. Selbst wenn Sie bereits seit Langem eine Yogini sind, sind Sie jetzt möglicherweise nicht zur

Übung der Vipassana-Meditation fähig. Darum erinnere ich Sie noch einmal daran, dass Sie vorübergehend zum Atem als dem einzigen Objekt Ihrer Aufmerksamkeit zurückkehren können. Oder Sie können die zweite Kontemplation praktizieren und den Atem als Anker benutzen, der Sie begleitet, während Sie Ihr Leiden untersuchen. Zu gegebener Zeit, wenn der Geist ruhiger und stabiler geworden ist, können Sie dann die Gefühle von Verlust und Kummer direkt beobachten.

• • • • •

F: Ich würde gern auf das Problem der Übung von Nicht-Anhaften in unseren innigsten Beziehungen zurückkommen. Was ist mit denjenigen von uns, die Kinder zu versorgen und aufzuziehen haben?

A: Das ist wohl die größte Herausforderung: Mutter und Kind. Mütter fragen: „Wie könnte ich *nicht* an meinem Kind hängen? Ich liebe mein Kind." Ich sage dann: „Das ist wunderbar. Ihr Kind kann sich glücklich schätzen." Aber dann ermuntere ich sie, sehr achtsam zu sein, um den Unterschied zwischen Liebe und Anhaften zu erkennen. Ich weise sie darauf hin, dass die Praxis von Bewusstheit es ihnen ermöglichen kann zu bemerken, wann sie festhalten und lieben und wann das Festhalten und Lieben sich abzuschwächen beginnt.

Bewusstheit kann viele der Emotionen abmildern, die Sie dazu bringen, sich an Menschen zu klammern, die Sie besonders lieben. Nehmen wir das Beispiel von Besorgnis. Letzte Woche war meine Enkeltochter erkältet und hatte Fieber. Meine Frau, die Großmutter, machte sich große Sorgen, als das Fieber anstieg, und war glücklich, wenn es sank. Bei uns zu Hause ging es zu wie an der Börse. Ich sagte ihr, dass Bewusstheit ihre extremen Reaktionen abmildern könne, worauf sie antwortete: „Ich weiß nicht; sollen wir sie nicht doch in die Notaufnahme bringen?" Schließlich ließ sie sich darauf ein, dass das Achten auf ihre eigene Besorgnis diese abmildern könnte. Ich legte ihr nahe, die Sache einen Tag nach dem anderen, eine Stunde nach der anderen anzugehen.

Da meine Frau nicht meditiert, empfahl ich ihr nicht, die Sache Moment für Moment anzugehen, aber diese Herangehensweise schlage ich Eltern und Großeltern vor, die Yogis sind. Wenn Ihr Geist im gegenwärtigen Augenblick stabil und ruhig bleibt, dann – so verspreche ich Ihnen – werden Sie es nicht versäumen, auf gesundheitliche oder psychische Krisen zu reagieren. Achtsamkeit macht Sie nicht weniger fürsorglich. Viele von Ihnen glauben vielleicht an eine Korrelation zwischen tiefem und umfassendem Leiden und tiefer und umfassender Liebe. Doch bitte vergessen Sie nicht, dass nach den Lehren Buddhas Leiden darauf hinweist, dass höchstwahrscheinlich ungeschicktes Denken und Verhalten im Spiel ist. Leiden ist nicht unbedingt der beste Indikator für Liebe.

Wenn Sie Ihre Praxis in Beziehungen vertiefen, sehen Sie zu, ob Sie nicht geschickter auf das Verhalten Ihres Kindes reagieren – auch wenn es besonders haarsträubend ist. Achten Sie darauf, ob Ihre konditionierte Reaktivität, die Angst oder Zorn oder Leugnung sein kann, sich nicht abschwächt. Beobachten Sie dann, ob Ihr Leiden abnimmt – aber nicht Ihre Liebe.

Und noch einmal: Stellen Sie kein Ideal von Perfektion auf! Sie sind keine Mönche oder Nonnen – und auch die sind Menschen mit tiefen Emotionen und Anhaftungen. In Ihrer Praxis geht es darum, sich in Bewusstheit und Ehrlichkeit zu schulen, und nicht darum, einem Ideal nachzulaufen. Der Drang, perfekt zu sein, lenkt viel von der dringend benötigten Energie von der Aufmerksamkeit auf die Wahrheit des gegenwärtigen Augenblicks ab.

· · · · ·

F: *Glauben Sie wirklich, dass die Übung in Beziehungen im Alltag uns in gleichem Maße erwecken kann wie die formelle Praxis von Samadhi und Vipassana? Ich höre Sie das sagen, aber das überzeugt mich nicht.*

A: Ich weiß Ihre Ehrlichkeit zu schätzen. Tief im Inneren glauben viele Yogis nicht, dass die Dharma-Praxis mit Beziehungen im täglichen Leben dasselbe befreiende Potenzial besitzt wie die Sitz- und die Gehmeditation. Selbst wenn Sie hören, wie ein Dharma-Lehrer die meditativen Vorteile des Lebens abseits vom Kissen preist, und dabei zustimmend nicken, halten die meisten von Ihnen die formelle Praxis für überlegen.

Lassen Sie mich beginnen, auf diese dringliche Frage zu antworten, indem ich Sie bitte, für einen Moment innezuhalten und die Frage selbst zu betrachten: Warum zweifeln Sie daran, dass Beziehungen einen wesentlichen Teil der Dharma-Praxis ausmachen? Bringen Sie Bewusstheit in den Boden, aus dem die Frage erwachsen ist. Und beobachten Sie, was dann passiert. Gibt es da ein Gefühl wie Widerstand oder Gleichgültigkeit? Bitte nehmen Sie die Frage mit nach Hause und lauschen Sie in Stille.

Das Leiden ist seit jeher der Umstand, der die Menschen zum Buddhadharma bringt. Manche gehen in ein Kloster – aber die meisten von Ihnen, die sich einem meditativen Leben widmen möchten, wollen nicht Mönch oder Nonne sein. Was also tun? So viele Stunden wie möglich in Meditations- und Retreatzentren verbringen; eine Meditationspraxis im eigenen Heim kultivieren; ein ethisches Leben führen? Gewiss! Aber auch dann bleibt der größte Teil Ihrer Tage mit anderen Aufgaben und Aktivitäten angefüllt. Sie heiraten, haben einen Vollzeitjob, kümmern sich um Ihre Eltern, zahlen Ihre Schulden ab und gehen Bio-Lebensmittel einkaufen.

Sie brauchen eine Praxis, die den Gegebenheiten Ihres Lebens angepasst ist – Ihrer ganzen Realität, ob Sie nun in der Meditationshalle sitzen oder zu Hause Ihr Kind umarmen. Das gehört alles zu dem einen Leben: Leben in der Form des Sitzens, Leben in der Form des Umarmens. Ist es wirklich nötig, die endlosen Formen des Lebens miteinander zu vergleichen und sie nach ihrem Wert einzustufen?

Das buddhistische Erziehungsmodell verlangt, dass Sie Dharma-Informationen hören, sichergehen, dass Sie sie verstehen, und dann dieses begriffliche Wissen testen, um herauszufinden, ob es geschickt ist oder nicht. In diesem Sinne sind alle Unterweisungen – einschließlich der Betonung des Wertes von Beziehungen im Alltag – eine Arbeitshypothese, die im Feuer des täglichen Lebens geprüft werden muss.

Haben Sie das getan? Ihre Frage lässt vermuten, dass Sie es noch nicht getan haben. Das ist kein Verbrechen. Doch beginnen Sie dort, wo Sie sind, nicht wo Sie glauben, sein zu müssen. Sobald Sie sich Ihres Zweifels bewusst sind, befinden Sie sich wieder auf dem Dharma-Pfad. Sie können an jedem Aspekt der Lehren zweifeln und Widerstand dagegen leisten – das gilt auch für die Atembewusstheit. Erinnern Sie sich jedoch gleichzeitig an die zweite Methode – Atem als Anker –, die Sie lehrt, den Atem als Hilfe zu benutzen, um Samadhi aufrechtzuerhalten, während Sie mit Einsicht zu dem Stress durch menschliche Interaktionen erwachen. Jede der drei Methoden kann Ihnen helfen, in allen Einzelheiten zu beobachten, wie Sie Ihr Leben tatsächlich leben – einschließlich Ihrer Beziehungen.

Lassen Sie mich zum Schluss noch einmal meine Überzeugung betonen, dass Bewusstheit in Beziehungen ein fruchtbarer Boden für das Erwachen ist. Ich will mich sogar so weit aus dem Fenster lehnen zu sagen – wie es auch andere getan haben –, dass Beziehungen womöglich die ergiebigste Quelle für das Erkennen der Macht des Haftens an „ich" und „mein", also des *„Self-ings"* sind. Vergessen Sie nicht: Der Buddha hat das *„Self-ing"* als die Wurzel des Leidens identifiziert.

Kann es sein, dass unsere Begegnungen mit Partnern, Kollegen und Fremden das gleiche Potenzial besitzen wie das Sitzen mit Achtsamkeit auf den Atem in einem abgeschiedenen Raum? Ich möchte Ihnen allen nahelegen, diese Möglichkeit zu erkunden. Während Sie das tun, mag es hilfreich sein, an die folgenden schlichten und schönen Worte des Chan-Meisters Sheng Yen zu denken: „Die Praxis sollte nicht vom Leben abgetrennt sein, und das Leben sollte zu jeder Zeit unsere Praxis sein."

Anhang

Die Begegnung mit Krishnamurti

Krishnamurti als Lehrer des Dharma

Warum dieser Anhang mit meinen Erinnerungen an Krishnamurti in diesem Buch über buddhistische Meditation? Krishnamurti (im Folgenden „K") war organisierten Religionen gegenüber nicht nur kritisch eingestellt, sondern er meinte auch, sie seien oft ein Hindernis für die Selbsterkenntnis und eine Quelle enormen Leidens für den Menschen.

Dieser entschieden nichtsektiererische Mann war mein erster Dharma-Lehrer. Als ich ihm vor 45 Jahren begegnete, war ich in Hinsicht auf meine Lebensarbeit als Professor an einem College zutiefst verunsichert, und seine Lehren halfen mir, eine neue Richtung einzuschlagen – hin zu dem, was sich glücklicherweise als meine wahre Lebensarbeit erweisen sollte: das Studium, die Praxis und die Lehre der Meditation. In gewisser Hinsicht ist er auch mein letzter Lehrer. Im Verlauf all der Jahre ist sein unerschütterliches Beharren auf dem unmittelbaren Sehen unseres inneren und äußeren Lebens sowie aus dem zu lernen, was wir sehen, eine Kraftquelle und Inspiration für mein Leben gewesen.

Ich bin von seiner Lehre der Wahlfreien Bewusstheit ausgegangen. Warum musste ich mich dann all diese Jahre dem Buddhadharma widmen? Die Antwort ist einfach. Wie ich schon in der Einleitung zu diesem Buch erwähnt habe, wurde mir klar, dass ich Hilfe brauchte. Ich brauchte die jahrelange Beschäftigung mit den buddhistischen Lehren und der buddhistischen Praxis, um die mündlichen Lehren von K in authentisches Handeln umsetzen zu können. Ich brauchte die Hilfe von Techniken, Formen, einen besonderen Rahmen, die Unterstützung einer Gemeinschaft und lange Perioden von stiller Meditation allein und in Gruppen. Und vor allem brauchte ich andere wunderbare Lehrer, die ebenfalls der Ansicht waren, dass ich Führung benötigte, und die diese großzügig und geduldig anboten. Ich fühlte mich besonders zu der Lehre Buddhas über das achtsame Atmen als Vehikel für die Entwicklung von Ruhe und Einsicht hingezogen.

Während all der Jahre im Buddhadharma blieb ich unerschütterlich und hingebungsvoll in Kontakt mit K und seinen Lehren. Er ist mein Wurzellehrer. Selbst aus seinem Grab heraus inspiriert er weiterhin meine Liebe zur Lehre Buddhas. Dies ist über viele Jahrzehnte eine glückliche Partnerschaft gewesen.

Ich befinde mich in der guten Gesellschaft vieler buddhistischer Lehrer, die die Affinität zwischen diesen beiden Ansätzen sehen. Um es in den Worten von Ajahn Sumedho, einem zeitgenössischen amerikanischen Vipassana-Meisters in der Traditionslinie von Ajahn Chah, zu sagen: „Mit Bewusstheit können wir die Gesamtheit umfassen – das Gute und das Schlechte, das Richtige und das Falsche, Lust und Leid –, sie alle gehören dazu. Es geht dabei nicht um Kontrolle des Geistes; es ist eher so wie das, was Krishnamurti die ‚Wahlfreie Bewusstheit‘ genannt hat. Da ist Bewusstheit vorhanden, und wir bevorzugen nicht irgendetwas; wir versuchen nicht, an diesem festzuhalten oder jenes loszuwerden."*

Samdhong Rinpoche, ein hochgeachteter tibetischer Lama, der dem Dalai Lama nahesteht, verbrachte lange Zeit mit K und kam zu dem Schluss, dass es keinen fundamentalen Unterschied zwischen dessen Lehre und dem Buddhismus gibt – einmal abgesehen davon, dass der Buddha sowohl vom Standpunkt der relativen Wahrheit als auch vom Standpunkt der absoluten Wahrheit lehrte und K nur vom Standpunkt des Absoluten (das in Vipassana-Kreisen das Unbedingte genannt wird). Der Dalai Lama selbst

---

* Aus Webu Sayadaw, *The Way to Ultimate Calm: Selected Discourses,* Sri Lanka (Buddhist Publication Society) 1992, S. 88f.

hatte drei private Begegnungen mit K. Dr. A. T. Ariyaratne, der weltbekannte engagierter Buddhist, der oft der „Gandhi von Sri Lanka" genannt wird, erzählte mir, er habe nicht völlig verstanden, worauf der Buddha im *Satipatthana Sutta* hinaus wollte, bis er K's klare und tiefgründige Darlegung der Meditation gehört habe.

Der Einfluss von K durchdringt die Lehren in diesem Buch. Die Beschäftigung mit dem *Kalama Sutta* im ersten Kapitel ist eine Hommage an K's unablässige Betonung der Eigenschaften des Forschens, des Zweifelns, des Lernens und auch des Testens der Wahrheit von Lehren in Ihrer eigenen Erfahrung. Alle buddhistischen Lehrer preisen den forschenden Geist, aber im Laufe der Zeit geben die meisten von uns sich mit bequemen Annahmen über die Lehre und die Praxis, für die sie sich entschieden haben, zufrieden. K tat das nicht. Seine Lehre facht ständig die Flamme des Nachforschens an, sodass wir offen und ehrlich bei dem bleiben können, was hier und jetzt geschieht. Die Ursprünge dieses Buches gehen auf seine Lehre zurück, die mich dazu brachte, infrage zu stellen und immer wieder zu untersuchen, ob meine Vorliebe für die Wahlfreie Bewusstheit mit der Realität der Fertigkeiten und Neigungen meiner Schüler vereinbar war. Wo ich bemerkte, dass dies nicht der Fall war, kehrte ich zu der stärker kraftgeladenen Lehre der Atembewusstheit zurück.

Ein anderes Thema, bei dem sich auf diesen Seiten der Einfluss von K bemerkbar macht, ist die Bevorzugung von Beziehungen als Praxis. Auch dies ist in den meisten buddhistischen Schulen ein Thema, ob sie nun von der Bedeutung von Beziehungen im Klosterleben oder im Alltag sprechen. Häufig besitzen die buddhistischen Lehren allerdings die Weisheit, die Gelübde als Leitfaden zu einem harmonischen Zusammenleben zu verwenden. Die Substanz der Gelübde war auch bei K präsent, aber seine Lehre ging darüber hinaus, indem sie Beziehungen auch als einen Spiegel verstand, der uns hilft, das *„Self-ing"* zu erkennen. Durch die direkte Beobachtung Ihrer Beziehung zum Leben in all seinen Erscheinungsformen schwächen Sie das, was der Buddha die Quelle des Leidens nannte, das Anhaften an „ich" und „mein", oder beseitigen dieses sogar. K verwandelt, mit anderen Worten gesagt, das problematischste Element des Lebens in eine Praxis im Dienste der Befreiung vom Leiden. Dieses Verständnis von Beziehung wurde im letzten Kapitel dieses Buches besonders ausführlich untersucht.

Und schließlich ist der Einfluss von K auch in der Betonung der Untrennbarkeit von Leben und Praxis in diesem Buch unübersehbar. Auch hier spreche ich einen Ansatz an, der in den meisten buddhistischen Kreisen ernsthaft gelehrt wird und den ich ja in dem Kapitel über das Alltagsleben in der Lehre von Dogen nachgewiesen habe. Allerdings hatte K mir dieses Verständnis bereits eingepflanzt, lange bevor ich den Buddhismus kennengelernt habe. Wenn er lehrte, ging er nahtlos von Darlegungen über die Natur zu Menschen auf den Straßen einer Stadt zu materiellen Objekten und zur Dynamik der inneren Welt über. Seine Lehre war Wahlfreie Bewusstheit in Aktion. Das, was man „Praxis" und was man das „Leben" nennt, waren für ihn identisch: Es gibt nur das Leben in seinen vielfältigen Formen!

Am Ende meiner ersten Begegnung mit Krishnamurti betonte er: „Achten Sie darauf, wie Sie *tatsächlich* leben" – nicht wie Sie glauben zu leben oder wie Sie meinen, leben zu sollen! Seit jenem Tag war mir diese Lehre eingebrannt. Bis auf den heutigen Tag inspiriert sie mein Leben, sei es beim Lehren, beim Praktizieren, in Beziehungen, beim Gehen – oder beim Niederschreiben der Worte in diesem Buch.

Ein Interview mit Krishnamurti

24. August 2009, von Madeline Drexler

F: Lassen Sie uns über den Einfluss von Krishnamurti auf Ihr Leben und Ihre Lehre sprechen.

A: Zuerst einmal will ich sagen, dass sein Einfluss noch sehr lebendig in mir ist, obwohl er im Jahre 1986 gestorben ist. Er ist mir in Fleisch und Blut übergegangen. Von all den Lehrern, die ich gehabt habe, hatte er die bei Weitem stärkste Wirkung.

F: Aufgrund dessen, was er lehrte, oder wie er es lehrte?

A: Ich kann das nicht voneinander trennen – es war beides. Seine Persönlichkeit war ebenso Musik in meinen Ohren wie der Inhalt seiner Lehren. Etwas Hintergrundinformation könnte hilfreich sein. Ich traf K in den späten 1960er-Jahren, 1967 oder 1968. Ich lehrte damals an der Brandeis University Sozialpsychologie. Ein Kollege, Professor Morrie Schwartz – die Schlüsselfigur in dem Buch *Dienstags bei Morrie* –, insistierte darauf, dass ich K begegne. Er sagte: „Larry, ich war während der letzten Wochen in New York und hörte dort diesen indischen Gentleman an der *New School for Social Research*. Ich habe kein Wort von dem verstanden, was er sagte, aber ich weiß, es ist genau das, wonach du suchst. Und er kommt nach Brandeis."

Ich entgegnete: „Morrie, es ist schon gut, es ist schon gut." Ich fühlte mich nicht im Geringsten zu dem hingezogen, was Morrie mir erzählte. Er sagte: „Nein, nein, nein, du musst ihn wirklich anhören. Das ist das, was du gesucht hast." Ich fragte: „Na gut, wovon hat er denn gesprochen?" Er antwortete: „Ich habe keine Ahnung. Aber ich weiß, dass es für dich ist, ganz bestimmt."

Also fragte ich: „Na gut, wie heißt er denn?" – „Jiddu Krishnamurti." – „Warum kommt er denn auf den Campus von Brandeis?" Er sagte, Professor James Klee von der psychologischen Fakultät habe das arrangiert. Er lud jedes Jahr eine herausragende Persönlichkeit als Gast der Filmabteilung von Brandeis ein. Krishnamurti sollte einige Tage auf dem Campus wohnen und seine Vorträge sollten gefilmt werden. Ich hatte noch nie von ihm gehört, beschloss aber, wenigstens zu erscheinen und mir anzuhören, was er zu sagen hatte.

Etwa eine Woche, bevor K ankommen sollte, war ich am Harvard Square in einer höchst intellektuellen akademischen Buchhandlung. Ich fragte den Besitzer, ob er irgendwelche Bücher von einem gewissen Krishnamurti habe. Ich war mir ziemlich sicher, dass der in seinem Sortiment von tiefgründigen Denkern nicht zu finden war. Zu meiner Überraschung zeigte er mir das eine Buch von K, das er im Regal stehen hatte – es trug den Titel *Think on These Things*.

Ich begann das Buch durchzublättern. Wie war es wohl in dieser Buchhandlung gelandet? Krishnamurti sprach darin mit Kindern über die Herausforderungen des Aufwachsens und des Umgangs mit dem Leben. Seine Sprache war einfach, gewöhnlich, konkret und direkt. Ich hatte nie zuvor etwas gelesen, das mit solcher Schlichtheit und Tiefe auf die grundlegenden Herausforderungen antwortete, die sich uns allen stellen. Es war angeblich an Kinder gerichtet, aber es traf mich, einen gebildeten Professor in seinen Mittdreißigern, mitten ins Herz. Ich war sehr berührt, und jedes Zögern in Hinsicht auf die Teilnahme an seiner Woche der Lehre war verschwunden.

Krishnamurti kam also an. Noch ein Wort zu den Umständen, die wesentlich dazu beitrugen, dass er eine solche tiefe Wirkung auf mich hatte. Zu jener Zeit machte sich eine Entfremdung vom akademischen Leben in mir breit. Ich hatte eine Weile an der psychiatrischen Fakultät der *Harvard Medical School* gelehrt und machte diese fälschlicherweise für mein Problem verantwortlich. Ich verabschiedete mich nach nur zwei Jahren von dort und kehrte an die University of Chicago zurück, um dort zu lehren, wo ich viele glückliche Jahre als Student verbracht hatte. Aber wie sich zeigte, war auch dies nicht das, was ich mir wünschte. Also verließ ich Chicago nach einem Jahr und nahm ein Angebot von der Brandeis University an.

Was ich in Harvard lernte, war sehr schmerzlich. Ich bildete mir sehr viel darauf ein, Sozialpsychologie an der Harvard-University zu lehren und dort zu forschen. Diese Flitterwochen hielten etwa sechs Monate an. Ich begegnete dort ganz normalen Menschen und fand auch hier nur das normale Leben – einfach bloß Menschen voller Selbstgefälligkeit und Neurosen, die oft ein wenig erfülltes Leben führten. Alle meine Hoffnungen wurden zunichtegemacht.

Zum ersten Mal in meinem Leben hatte ich Geld – für mich. Die Frauen waren jetzt sehr viel interessierter an mir. Ich trug oft einen Harvard-Pullover, benutzte Harvard-Schreibpapier und war in vieler Hinsicht sehr von mir eingenommen. Ich hatte mein eigenes Apartment ganz in der Nähe des Harvard Square, statt mir, wie in der Studentenzeit, stets Mitbewohner suchen zu müssen, um die Miete zahlen zu können. Es war eine Version des „amerikanischen Traums", die noch davon aufgebläht wurde, dass meine ungemein stolze Familie diese Errungenschaften überaus schätzte. Mein Vater war ein Taxifahrer aus Russland, der nur Volksschulbildung besaß – und ich befand mich hier im akademischen Paradies!

Im Laufe der Zeit wurde mir jedoch klar, dass ich immer noch von Konflikten zerfressen war und unter dem selbst auferlegten Druck stand, mich zu beweisen – mir selbst. Meine Vita konnte sich sehen lassen. Ich hatte als Doktorand bereits ein Buch und viele Forschungsarbeiten veröffentlicht, was hauptsächlich meinem Ehrgeiz und viel harter Arbeit zu verdanken war.

Doch dann setzte, wie schon gesagt, eine gewisse Desillusionierung ein – wofür ich zuerst Harvard, dann Chicago und schließlich auch Brandeis verantwortlich machte. Allmählich ging mir auf, dass an diesen großen Zentren der akademischen Gelehrsamkeit nichts falsch war. Ich selbst war das Problem! Ich suchte am falschen Ort nach der Art von innerem Frieden und Glück, nach der ich mich so sehr sehnte. Ich musste beginnen, mich selbst anzuschauen. Aber wie macht man das? Zunächst einmal verschwendete ich nicht mehr so viel psychische Energie darauf, „die Universität" dafür verantwortlich zu machen, dass sie meine illusionären

Vorstellungen nicht erfüllte. Ich erlebte eine Periode des Schmerzes und der Trauer über den Verlust von etwas, das einmal eine wundervolle Quelle von Identität und Sicherheit gewesen war.

Ich hoffe, dass diese wenigen biografischen Erinnerungen Ihren Lesern zu einem gewissen Grad helfen können zu begreifen, warum die Begegnung mit Krishnamurti einen solch immensen Eindruck auf mich machte. Ich war eine überreife Banane!

F: War es diese Desillusionierung, auf die Morrie Schwartz sich bezog?

A: Wahrscheinlich. Ich suchte damals nach allen möglichen New-Age-Dingen, informierte mich über psychedelische Drogen, Meditation, Yoga und gesunde Ernährung. Das war ganz früh in meiner Suche – ich tastete einfach herum und hatte wirklich kaum eine Ahnung.

Als Krishnamurti ankam, hatte meine Begeisterung für akademische Studien bereits zu schwinden begonnen. Ich war wirklich mit Enthusiasmus Professor gewesen und ich war Feuer und Flamme gewesen für Forschung und Lehre auf dem Gebiet der akademischen Sozialpsychologie. Doch dieses Feuer war, bis auf wenige Holzscheite, inzwischen erloschen. Ich wusste so viel über den Geist – vor allem den Geist anderer Menschen. Aber wie stand es mit meinem eigenen?

Da betrat Krishnamurti die Bühne. Der erste Tag war informeller Natur. Ich befand mich in einem Raum mit ihm. Morrie Schwartz hatte alles so arrangiert, dass ich ihn treffen konnte. Also setzten Krishnaji, wie er genannt wurde, und ich uns hin und begannen eine Unterhaltung. Er war sehr elegant gekleidet: ein britischer Gentleman. Ich erinnere mich, nebenbei erwähnt, dass ich damals in mich hineinlächelte und dachte: Das war es wohl, was die beiden älteren jüdischen Professoren gemeint hatten, als sie mir als junger, nervöser und unerfahrener Lehrkraft an der Harvard University den folgenden Rat gaben: „Hier in Harvard ist das Geheimnis des Erfolges, jüdisch zu denken, sich aber britisch zu kleiden."

K trug erlesene Kleidung und Schuhe. Sein Benehmen war vornehm, warm und sehr freundlich. Aber schon früh in unserer Unterhaltung begann ich mich ausgesprochen unbehaglich zu fühlen. Warum? Wir saßen einfach da, und er hatte keine Absichten, schien entspannt zu sein und sich wohlzufühlen. Lag es daran, dass er weltberühmt war? Nein. Krishnaji machte Scherze über sich selbst – darüber, dass er eingeladen war, an eine Universität zu kommen, wo er für dieses Filmprojekt der Mann des Jahres sein sollte. Mit einem herzlichen Lachen sagte er, er selbst habe nicht viel gelesen und sei niemals auch nur auf einem College gewesen. Nach etwa einer Stunde gingen wir auseinander. Mir wurde klar, dass ich mich so unbehaglich fühlte, weil er mir eine außerordentliche Aufmerksamkeit entgegenbrachte und gleichzeitig sehr entspannt war.

Gut, ich kannte bereits Menschen, die mich so aufmerksam betrachteten – zum Beispiel meine Mutter und mein Vater. Aber in dieser Aufmerksamkeit lag immer eine Anspannung: „Was hat dieser Wahnsinnige jetzt schon wieder vor? Wieder irgendwelche Streiche an der Schule?" Es war ein liebevolles und fürsorgliches Interesse, aber gleichzeitig angespannt und besorgt. Doch an eine Aufmerksamkeit ohne Spannung war ich nicht gewöhnt. Das war etwas Neues für mich. Dies war die erste von vielen wertvollen Lektionen, die ich von Mr. Jiddu Krishnamurti lernen sollte.

F: Wie hat diese Aufmerksamkeit sich gezeigt? Ist er auf seinem Sitz nach vorn gerutscht und hat Sie angesehen?

A: Nein, nein, genau das war es ja. Es war etwas ganz Natürliches.

F: Hat er Ihnen in die Augen gesehen? Hat er Ihnen Fragen gestellt?

A: Das hat er, aber im Wesentlichen war er total entspannt und schien mir voll und ganz zuzuhören. Das war kein „Jetzt werde ich aufmerksam sein, weil da eine Person zu einem Interview kommt" – oder irgendetwas Ähnliches. Er war ungezwungen, locker und entspannt. Ich erinnere mich vor allem an mein Unbehagen. Er war mir sympathisch – er war sehr freundlich und liebenswürdig. Ich erzählte ihm, dass ich sein Buch *Think on These Things* gelesen hätte, dass es mich sehr berührt hätte und dass ich während dieser Woche so weitgehend wie möglich an seinem Programm teilnehmen wolle. Er äußerte sich hierzu nicht weiter. Er hielt einfach meine beiden Hände, sah mir in die Augen und sagte, soweit ich mich erinnere, einfach nur: „Gut." Er versuchte nicht, mich zum Kommen zu bewegen, es gab keine Ermunterung – nichts.

Das Nächste, woran ich mich erinnere, war eine Reihe von Vorträgen, Interviews und Frage-und-Antwort-Sitzungen mit Studenten und dem Lehrkörper, die alle gefilmt wurden. Die Vorträge waren nicht besonders gut besucht. Ich war bei jedem seiner Vorträge anwesend. Je mehr ich hörte, desto deutlicher wurde mir, dass Morrie Schwartz recht gehabt hatte. Es war nicht so, dass ich alles verstand, aber ich begriff genug von Krishnamurtis Sicht der Dinge – in Hinsicht auf die Begrenztheit von Denken und Wissen, auf die Betonung der direkten Beobachtung und Erforschung, auf die Ermutigung, zu zweifeln und zu hinterfragen und darauf, sich von diesem Ansatz der Selbsterforschung zum Lernen inspirieren zu lassen.

Er begann mich an meinen Vater zu erinnern, nur dass er sehr viel entspannter war. Mein Vater hatte mir auch immer sehr viel Raum gegeben, alles infrage zu stellen. Deshalb fühlte ich mich bei diesem elegant gekleideten indischen Gentleman sehr zu Hause. Ich erinnere mich, dass ich von seiner Haut beeindruckt war, sie war so jugendlich und ohne Falten. Das war 1968 – Sie können ausrechnen, wie alt er damals war –, er starb 1986.

F: Er war also 72, 73 Jahre alt.

A: Bei den Vorträgen gab es ziemlich viel Unruhe im Publikum. Einige Leute schienen interessiert, aber es wurden viele langatmige, komplizierte Fragen gestellt. Er beantwortete sie gründlich. Mir war deutlich, dass die meisten von uns, darunter ganz gewiss ich selbst, nicht wirklich verstanden, wovon er sprach. Ich war trotzdem begeistert.

Über die Vorträge hinaus hatte ich Gelegenheit, einige Zeit mit ihm allein zu verbringen, was vielleicht eine noch größere Wirkung auf mich hatte. Dies war möglich, weil sich so wenige Menschen wirklich für ihn interessierten. Ich konnte Spaziergänge mit ihm machen. Zu jener Zeit gab es um den Campus herum ziemlich viel Wald. Ich fühlte mich zu diesem Wort „Meditation" hingezogen, obwohl ich nicht wirklich wusste, was das bedeutete. Ich bat Krishnamurti mehrfach, mich Meditation zu lehren, aber er lächelte nur und schwieg.

Als wir das erste Mal zusammen spazieren gingen, sagte er: „Würde es Ihnen etwas ausmachen, wenn wir einfach nur in Stille gehen, wenn wir nicht sprechen?" Diese Bitte erschien mir seltsam. Ich war gewiss gewohnt, mit anderen spazieren zu gehen, aber dazu gehörte immer auch ein Gespräch.

So gingen K und ich eine halbe Stunde, eine Dreiviertelstunde, eine Stunde lang – in den Wäldern um den Campus herum. Die anfängliche Unbehaglichkeit schwand und es begann mir tatsächlich Spaß zu machen. Er fühlte sich wohl bei dem Gehen in Stille, und so begann ich mich ebenfalls wohlzufühlen. Das war etwas Neues für mich.

Ich war bereits zuvor in Stille allein oder mit engen Freunden gegangen – etwa an der Atlantikküste oder am Lake Michigan. Aber diesen Mann kannte ich kaum.

F: Was war das für eine Erfahrung? Sind Sie auf Wegen gegangen? Schaute er zu den Blättern hinauf, ging er an Bäume heran? Schaute er zum Himmel auf? Ist er stehengeblieben?

A: Manchmal hielt er inne. Gelegentlich hörte man Vögel zwitschern, und dann blieb er stehen und sagte: „Lassen Sie uns ein paar Minuten lang lauschen." Das taten wir dann. Oder er blieb stehen und lächelte. Aber er machte kein Projekt daraus im Sinne von: „Lassen Sie uns jetzt stehenbleiben, denn ich bin dabei, Sie auf die natürliche Weise Meditation zu lehren" – so etwas machte er nicht. Die meiste Zeit über gingen wir einfach und freuten uns daran, uns in Stille zu bewegen. Manchmal mitten im dichten Wald, manchmal auf einem Pfad. Er schien sehr glücklich zu sein. Er sah, dass ich Freude daran hatte, und suchte mich wieder auf, sodass wir auch an den restlichen Tagen seines Besuches solche Spaziergänge machten.

Etwa ein oder zwei Tage, bevor er Brandeis verließ, blieb er auf einem unserer Spaziergänge stehen und sagte: „Nehmen Sie sich irgendetwas: eine Pflanze, ein Blatt, eine Blüte, einen Teil eines Baumes. Finden Sie heraus, ob Sie dieses Objekt einige Minuten lang anschauen können, ohne es zu etikettieren, zu benennen, darüber nachzudenken. Betrachten Sie es ganz einfach unschuldig, als sei es das erste Mal. Lassen Sie uns das eine Weile tun." Er sagte nicht, wie lange.

Ich weiß nicht mehr, wofür ich mich entschied. Ich glaube, es war ein Blatt oder mehrere Blätter. Zuerst wurde mein Geist sehr geschäftig und es war mir unangenehm, dies zu tun – ich wollte nicht einfach nur meine Aufmerksamkeit aufrechterhalten. Ich empfand deutlichen Widerstand gegen das bloße Schauen. Ich riskierte einen Blick auf Krishnamurti und suchte nach irgendwelchen Anzeichen dafür, dass wir dies nun lange genug getan hatten und weitergehen konnten. Nach einer Weile begann sich mein Geist jedoch etwas zu beruhigen. Ich schaute einfach nur, und da wurde das Blatt plötzlich interessant. Ich war emotional unglaublich bewegt, was mich total überraschte. Ich begann gewöhnliche Aspekte des Blattes auf eine neue und lebendige Weise wirklich zu sehen. Seine Form, seine Farbe, die Adern und der Stiel wurden plötzlich interessant. Das war alles so lebendig. Das Grün war jetzt wirkliches Grün! Was da geschah, war wie eine ganze Welt.

Dann sagte er: „Nun, wie war das?" Also entgegnete ich: „Es war faszinierend. Es war einfach umwerfend." Und ich redete immer weiter. Ich sagte ihm, wie berührt ich sei und wie viel ich gesehen und gelernt habe, dass ich mich nie zuvor so im Detail für etwas interessiert hätte – dass ich die Natur einfach nur oberflächlich gesehen hätte. Hier war ich ihr wirklich nahegekommen, und sie war faszinierend und bewegend und fesselte mein Interesse.

Darauf sagte er: „Gut. Wenn Sie also meditieren wollen, dann setzen Sie sich einfach hin und machen dasselbe mit Ihrem Geist." Das war alles. [Gelächter.] Punktum. Und dann gingen wir weiter.

Die andere Erinnerung, die ich habe, ist, dass es jeden Tag einige Professoren gab, die zu seinen Vorträgen und Diskussionen kamen – damals trafen die Professoren sich gewöhnlich zu einem Cocktail im Club der Fakultät. K war immer gut gekleidet. Wenn ein Treffen informell war, zog er sich elegant, aber informell an. Zur Cocktailstunde jedoch war es so, als wäre er in England: Er trug Krawatte, Weste und Jackett, wie jemand, der geradewegs aus einem Theaterstück kam.

Ich erinnere mich noch, dass er am Ende seines ersten Nachmittagsvortrages sagte: „Es ist 4:00 Uhr; ist dies nicht die Zeit für Ihre Cocktails?" Sein Englisch hatte einen starken Oberklasse-Akzent, den ich als sehr angenehm empfand. Man sagte mir, dass er nicht rauchte oder trank und dass er sein Leben lang Vegetarier gewesen war. Zu jener Zeit wusste ich noch nichts über seine außerordentliche Lebensgeschichte.

Also gingen wir in den Club der Fakultät, und das erste, was mir auffiel, war, wie mühelos er sich einpasste. Er trank eine Art Punsch – ich weiß nicht, was er trank, aber es war kein Alkohol – und er sprach einfach verschiedene Mitglieder des Lehrkörpers an, die zumeist nicht gekommen waren, um ihn zu treffen. Einige der Leute stellten ihm Fragen. Sie waren zu manchen seiner Vorträge gekommen. Und er antwortete ihnen sehr entspannt und zufrieden mit seinem Drink und sie mit dem ihren. Ich glaube, dass die meisten, wenn nicht gar alle von uns keine Ahnung hatten, wovon er sprach, aber das schien niemanden zu stören.

Ich war überrascht, dass er den Anstoß gab: „Lassen Sie uns in den Club der Fakultät gehen." Und wie wohl er sich fühlte, als wir dort angekommen waren. Er war völlig anders als alle anderen Menschen dort. Er war nicht nur ein Inder, sondern er trank auch keinen Alkohol und so weiter. Natürlich war er auch kein Professor; er besaß praktisch keine formelle Schulbildung.

Er hatte einen guten Sinn für Humor. Er war sehr komisch. Sehr warmherzig. Außerordentlich höflich. Wirklich höflich! Er war ein sehr britischer Gentleman. Das habe ich niemals vergessen.

F: Viele Menschen, die Krishnamurti wenig kennen, halten ihn für streng, abstrakt. Diese Eigenschaften teilen sich einem mit, wenn man einfach nur seine Vorträge liest.

A: Ich empfand ihn nie als streng. Gelegentlich empfand ich ihn als sehr *nüchtern,* was mir gefiel. Wenn er einen Vortrag hielt – alles ohne Notizen –, dann war er wirklich entflammt. Eine enorme Energie schien durch ihn hindurchzuströmen, er war sehr, sehr leidenschaftlich. Einige Menschen interpretierten dies als Kälte, manche als Grobheit, Strenge. Ich würde es Nüchternheit nennen im Sinne von sparsam, einfach und direkt – unmittelbar auf den Punkt kommend und gewiss nicht „diplomatisch".

Was „abstrakt" angeht, so empfand ich ihn niemals als abstrakt. Aber natürlich kenne ich seine Lehre allzu gut. Sie mag manchen von uns abstrakt erscheinen, weil viele seiner Aussagen, die für ihn offensichtlich waren, unmittelbar einer großen Stille entsprangen und nicht dem entsprachen, was wir bis zu diesem Zeitpunkt von unserem inneren Leben wussten. Er schien fähig zu sein, dem gewöhnlichen Leben diese Energie einzuhauchen, zumindest in meinem Fall, ohne dass ich eine Distanz oder ein Unbehagen empfand.

Wenn er nach einem formellen Vortrag vom Podium herunterkam, hielt er manchmal einfach nur meine Hand, wie ein liebevoller Vater: sehr warm, herzlich, spielerisch und mit einem großen Sinn für Humor. Wie ich schon sagte, hörte er sehr aufmerksam zu. Er ermutigte die Leute, alles infrage zu stellen, was er sagte – und er meinte das wirklich. Es war nicht nur eine rhetorische Floskel. Er versuchte nicht, mich von irgendetwas zu überzeugen oder einen Kult zu fabrizieren.

Trotzdem sagten einige der Professoren hinter seinem Rücken: „Naja, noch einer von diesen indischen *Gurus*." Rückblickend finde ich das verständlich. Obwohl er die Guru-Schüler-Beziehung oft heruntermachte, sah ich ihn im Laufe der Woche mit immer mehr Ehrfurcht an. Obwohl er sich ständig über solche Verehrung lustig machte, begann ich ihn tatsächlich als einen Guru zu betrachten. Ich war unerfahren und hungrig nach einer Art von Nahrung, die der begriffliche Geist einfach nicht zu liefern vermochte. Ich glaube, dass ich ihn erst nach einigen Jahren endlich verstanden habe. Es steht für mich außer Frage, dass er sich aufrichtig wünschte, ein jeder von uns möge „eine Leuchte für sich selbst" sein. Ich entwickelte immensen Respekt und große Dankbarkeit gegenüber diesem schlanken älteren Mann, während ich gleichzeitig sah, dass er sehr menschlich war und seine Ecken und Kanten hatte.

Als ich ihn dann später im Oak Grove in Ojai, Kalifornien, wiedersah, ging er gerade zu dem Ort, wo er einen Vortrag halten sollte. Er trug schlichte, elegante und sportliche Kleidung – wie ein Kalifornier. Doch etwas daran berührte mich. Vielleicht hätte ein Mensch von einer solchen Tiefe in der Vergangenheit nur selten die Berge des Himalaya oder einen Ashram oder ein Kloster verlassen. Die Menschen wären vielmehr zu ihm gekommen oder er wäre durch Indien gewandert. Aber hier war dieser Typ, makellos gekleidet, mit perfektem Englisch, der durch die ganze Welt reiste, unablässig lehrte und jedem begegnete, der daherkam und zuhörte.

Er war immer auf kulturell angemessene Weise gekleidet. Wenn er in Indien war, trug er eine Kurta und eine Weste. Wenn er in Kalifornien war, trug er sportliche Kleidung. Er besaß einen Laufanzug und später ein Jogging-Outfit mit Laufschuhen. Er pflegte nicht zu laufen, aber er ging sehr viel. Er war als Jugendlicher offensichtlich sehr athletisch gewesen.

Was er zu tun versuchte, berührte mich sehr. Es war bestimmt nicht leicht, sich ständig unsere unwissenden und zumeist intellektuellen Fragen anzuhören. Normalerweise gibt es zuvor einen stärkeren Filterungsprozess. Man reist nicht nach Indien und nimmt Hitze, Krankheiten und kulturelle Anpassung auf sich, solange man nicht schon einigermaßen fortgeschritten ist und/oder sehr romantische Vorstellungen von der „östlichen Weisheit" hat. Krishnamurti war offen für jeden und alles. Ich bemerkte, dass er zu dem Reinigungspersonal ebenso freundlich, ja sogar liebevoll war wie zu den Professoren und Studenten. Er schien keinen Unterschied zwischen den Menschen zu machen.

Und er sagte uns immer wieder, dass wir tun könnten, was er uns vorschlug: „Hören Sie nicht auf diese Gurus; Sie brauchen keine Hilfe. Sie können es tun, es ist alles in Ihnen." Seine Energie war beeindruckend.

F: Sie haben seinen Sinn für Humor erwähnt. Können Sie sich daran erinnern?

A: Viel von seinem Humor zeigte sich in antireligiösen Geschichten. Vielleicht der größte Teil. Er machte Witze. Aber er konnte auch im Gespräch mit anderen – zumindest für mich – sehr komisch sein. Oft war eine Unterweisung in einer etwas sarkastischen Bemerkung verborgen.

Ein Freund hat mir einmal die folgende Geschichte erzählt. Ein indischer Herr befragte ihn: „Krishnaji, wie ich höre, üben Sie jeden Tag Yoga. Jeden Tag Pranayama und Yoga." Krishnamurti antwortete nicht, er hörte nur weiter zu. Und der Mann sagte: „Das ist sehr gut, nicht wahr? Es schenkt Ihnen viel Energie." Krishnamurti sah auf und sagte: „Ja, mehr Energie, mehr Bosheit!"

Er liebte es, Dinge zu entzaubern. Sobald man sich auf irgendetwas festlegte, zog er einem den Teppich unter den Füßen weg. Das war eine seiner Eigenschaften, die ich erfahren und immer sehr geschätzt habe.

F: Wenn ich mich recht erinnere, dann hat er Ihnen einmal den Rat gegeben, auf metaphorische Weise, Ihr Heim in Ordnung zu bringen.

A: Das war kurz bevor er abfuhr und seinen Koffer packte. Es war ziemlich gegen Ende seines Aufenthalts in Boston. Er hielt einen Vortrag, zu dem nur Dozenten aus dem Großraum Boston eingeladen waren. Es kamen etliche Professoren aus der ganzen Gegend. Ich erinnere mich noch sehr gut daran, weil es der letzte Vortrag war, bevor er die Universität verließ und nach Hause fuhr. Es gab da einen niedrigen Couchtisch und man stellte ihn so auf, dass er in seinem Saville-Row-Anzug mit verschränkten Beinen darauf sitzen konnte. Saville Row, das sind teure maßgeschneiderte Anzüge aus London. Er sagte mir, er besäße seit vielen Jahren dieselbe Kleidung, weil er nie zunehme.

Er saß also mit verschränkten Beinen da und man bat ihn, einen Vortrag über Bildung zu halten. Sie gaben seinem Vortrag den Titel „Die Zukunft der höheren Bildung". Er sprach über seine grundlegenden Vorstellungen von der Erziehung – davon, wie notwendig es sei, dass die akademische Gelehrsamkeit von Selbsterforschung und Verständnis begleitet werde. Am Ende des Vortrags fragte ihn der Dekan der Fakultät von Brandeis schließlich in einem etwas aggressiven Tonfall: „Mr. Krishnamurti, wenn das, was Sie gesagt haben, zutreffend ist, wie sehen Sie dann die Zukunft der höheren Bildung?"

Krishnamurti wurde sehr still. Ich kann mich noch lebhaft daran erinnern – es ist, als sähe ich die Szene jetzt noch genau vor mir. Er wurde sehr still und sagte dann zögerlich und ziemlich leise, als hasse er es, das sagen zu müssen: „Ehrlich gesagt, mein Herr, sehe ich keine Zukunft für die höhere Bildung."

Die etwa 40 oder 50 Professoren im Raum schienen in eine massive Depression zu versinken – mit Ausnahme von mir selbst und vielleicht einer Handvoll anderer Lehrer. Ich tanzte innerlich vor Glück; es war die Bestätigung einer Einstellung, die in mir zu wachsen begann, hier von Krishnaji mit offensichtlicher Tiefe und Intelligenz vorgebracht.

Anschließend ging ich zu seinem Zimmer, um ihm auf Wiedersehen zu sagen. Er war beim Packen und ließ mich bei dem gesamten Prozess zusehen. „Wo leben Sie, Krishnaji?", fragte ich. Inzwischen nannte ich ihn Krishnaji. „Mein offizielles Zuhause ist Ojai in Kalifornien", sagte er, „aber ich treibe mich überall herum." Er wies auf seinen Koffer: „Das ist mein Zuhause."

Er bemerkte, wie aufmerksam ich ihm beim Packen zusah, und sagte: „Weil ich so oft Koffer packen muss, bin ich darin sehr gut geworden." Und er fügte hinzu: „Früher ging ich mit alltäglichen Dingen ziemlich unordentlich um. Ich musste das zu einem besonderen Projekt machen. Aber heute kommt dies hierhin, das dorthin. Wenn man die Sachen sauber zusammenfaltet, wird das Packen viel leichter."

Ich erzählte ihm von meiner Reaktion auf seinen Vortrag für die Professoren über die höhere Bildung. Ich berichtete ihm ein wenig von dem, was ich hier zuvor schon beschrieben habe – dass ich nicht die Universität für meine Unzufriedenheit verantwortlich machen konnte, sondern dass ich von ihr Dinge erwartet hatte, die sie mir einfach nicht zu geben vermochte. Und dass ich jetzt wisse, dass mich jeder äußere Erfolg hier nur begrenzt werde befriedigen können. Als er das, was ich bereits geahnt hatte, dermaßen klar artikuliert habe – so berichtete ich ihm –, habe das die Wirkung gehabt, die Kluft zwischen der Wahrheit über meine gegenwärtige Befindlichkeit und der mühsam erworbenen und lange gehegten romantischen Vorstellung von „Professor Larry" noch zu vertiefen. Ich sei wirklich sehr glücklich darüber, seine Ansichten über die Bildung gehört zu haben, denn niemand im Kreis meiner Freunde und Kollegen an der Universität hätte meine Schlussfolgerungen bestätigen können.

Ich benötigte offenbar die Unterstützung von jemandem wie Krishnaji, weil ich nicht genügend Selbstvertrauen besaß. Sie half mir zu begreifen, dass das, was die Erfahrung mich lehrte, seinen Wert besaß. Es war nicht nur eine unreife rebellische Reaktion.

Krishnamurti wurde sehr still und sagte dann: „Nun ja, sehen Sie – Sie sind ein Professor. Haben Sie irgendwelche anderen Einkünfte?" – „Überhaupt keine", antwortete ich. „Und wie steht es mit Ihrer Familie?" – „Nein, nein", sagte ich, „die hat kein Geld." Also sagte er: „Beginnen Sie keinen Krieg mit denen, denn sie werden gewinnen. Sie sind einfach zu viele und sie sind mächtiger. Das wird sich auch nicht so schnell ändern. Kümmern Sie sich einfach um Ihre Arbeit. Arbeiten Sie an sich selbst, aber seien Sie ein

Professor. Machen Sie das gut. Was auch immer Sie lehren, liefern Sie gute Arbeit. Vergeuden Sie keine Zeit damit, es mit denen aufzunehmen, sie überzeugen zu wollen, denn das wird nicht funktionieren." Und dann sagte er: „Bringen Sie Ihr eigenes Heim in Ordnung. Schaffen Sie dort zuerst Ordnung."

Zu jener Zeit führte ich ein Junggesellenleben: Ich warf meine Kleidung irgendwohin, und dort blieb sie dann eine ganze Weile liegen. Ich war in meinem Apartment sehr unordentlich. Also sagte ich: „Aha, Sie meinen, Sie solle mir mein Apartment einmal ansehen, dort saubermachen, meine Sachen ordnen und nicht vergessen, den Abwasch zu machen – solche Dinge?" Er machte einen etwas verblüfften Eindruck. „Okay, okay, ja. Natürlich können Sie damit anfangen. Aber ich meine etwas anderes." Er wies auf sein Herz: „Da drinnen." – „Ah, ich verstehe", sagte ich.

Dann war der Moment des Abschieds gekommen und ich sagte: „Haben Sie mir noch eine Unterweisung auf den Weg mitzugeben?" Er würde seiner und ich meiner Wege gehen. Er antwortete: „Nur eine Sache. Achten Sie darauf, wie Sie *tatsächlich* leben." *Tatsächlich.* Er betonte dieses „tatsächlich". Wie leben Sie *tatsächlich.* Nicht, wie Sie zu leben glauben. Nicht, wie Sie leben sollten. Sondern wie Sie tatsächlich von Moment zu Moment leben. Er sagte: „Beziehungen sind der Schlüssel: die Beziehung zu Menschen, zur Natur, zu Dingen, zum Geld. Und vor allem zu sich selbst. Die Leute nennen das vielleicht Selbstkenntnis oder Selbsterkenntnis. Aber achten Sie darauf, wie Sie *tatsächlich* leben." Das Wort „tatsächlich" war buchstäblich in mein Gehirn eingebrannt, als ich mich verabschiedete. Ich wusste allerdings nicht wirklich, was es bedeutete, bis ich den Versuch machte, dieser Aufforderung zu folgen.

Seit dieser ersten Begegnung, die meinem Leben eine neue Richtung gab, sind viele Jahre vergangen. Zwei Jahre später verließ ich das Leben an der Universität, um umherzuwandern und zu lernen, hauptsächlich von asiatischen Meditationslehrern. 10 Jahre im Zen – in der koreanischen, japanischen und vietnamesischen Ausprägung. 30 Jahre im Vipassana mit Lehrern aus Thailand, Burma, Sri Lanka, Kambodscha und Indien. Inzwischen lehre ich seit vielen Jahren buddhistische Meditation und habe sogar ein Zentrum in Cambridge, Massachusetts, gegründet.

Während dieser Zeit sah oder traf ich Krishnamurti so oft es mir möglich war, hauptsächlich in New York und Ojai. Ich lebte auch immer in engem Kontakt mit seinen Büchern, Videos und Tonbandaufnahmen. Er half mir, mein Leben zum Besseren zu verändern, und ich werde jeden Tag erneut daran erinnert. Selbst aus dem Grab heraus hilft er mir weiterhin, ehrlich zu bleiben!

Woran ich mich erinnere, das sind die Lektionen, die ich im persönlichen Kontakt mit ihm gelernt habe und die mir gegenwärtig geblieben sind. Seine Worte kann man in einem Buch nachlesen. Ich habe fast jeden Tag ein wenig davon gelesen und schätze diese Art des Lernens. Aber einige Lektionen, die ich in seiner Gegenwart gelernt habe, waren besonders transformativ – ja, sie haben mein Leben verändert.

F: In Krishnamurtis Schriften sind die Worte „was ist" immer kursiv geschrieben. Mit diesem Ausdruck hat es offenbar eine besondere Bewandtnis.

A: Das Spannungsfeld zwischen dem, was ist, und dem, was sein sollte, ist von entscheidender Bedeutung für das Verständnis seiner Lehre. Obwohl wir das Leben im „was ist" leben, scheinen wir es vorzuziehen, uns in das hineinzudenken, „was nicht ist". Darum ist viel von dem, was er sagt, ein Versuch, uns von dieser machtvollen Vorliebe für das, was gewesen ist oder was sein wird oder was sein sollte, abzubringen, damit wir ganz eng mit unserer tatsächlichen Erfahrung dessen, was genau jetzt geschieht, verbunden sein können. Ich tue mein Bestes, dies tatsächlich zu leben, und natürlich ist es der Kern dessen, was ich lehre. Was mein Leben und meine Lehre frisch und lebendig erhält, ist diese Pforte zur Weisheit.

Lassen Sie uns jetzt nach New York gehen, zu meiner letzten Begegnung mit Krishnamurti. Er hielt damals Vorträge bei den Vereinten Nationen und jemand hatte einen Konferenzraum gegenüber des UN-Gebäudes gemietet. Man musste eingeladen sein. Es war eine kleine Gruppe, nur acht Menschen, denn Krishnamurti wollte keine neuen Leute. Nur Menschen, die bereits eine feste Grundlage hatten und die mit seinen Lehren vertraut waren.

Wir verbrachten eine Woche zusammen. Das Thema war Angst. Zwei Stunden am Vormittag und zwei Stunden am Nachmittag, fünf Tage lang. Zuerst einmal sollten Sie wissen, dass ich ihn längere Zeit nicht gesehen hatte. Es war mir nicht möglich, zu den Vorträgen bei der UN zu gehen. Ich hatte ihn also ein oder zwei Jahre lang nicht gesehen, und als er hereinkam, hatte er immer noch diese sehr schöne Haut und ein warmes Händeschütteln. Aber ich war schockiert zu sehen, wie zerbrechlich und hinfällig er aussah. Er setzte sich an den Kopf des Konferenztisches und stieg sofort in dieses eine Thema ein, das er aus allen Blickwinkeln beleuchtete. Sobald er begonnen hatte, schien sein Körper immer noch zerbrechlich zu sein, und trotzdem war deutlich eine machtvolle Energie vorhanden. Seine Begeisterung für den Dialog war stets präsent. Er war in all unseren Gesprächen wach und klar. Es war eine großartige Woche.

Schließlich war der Freitagnachmittag gekommen. Die gemeinsame Woche war vorüber. Uns blieben noch etwa 10 Minuten, bevor wir alle wieder unserer getrennten Wege gehen würden. Er war damals etwa 88, vielleicht 89 Jahre alt, und er begann über etwas zu sprechen, das nicht das Geringste mit dem Thema dieser Woche zu tun zu haben schien. Ich erinnere mich, dass ich dachte, er sei vielleicht plötzlich sehr verwirrt und abgelenkt. Das Folgende ist eine grobe Zusammenfassung dessen, was er sagte: „Heute zur Mittagszeit brachten mich einige Freunde in den Laden eines weltberühmten Juweliers. Ich hatte einen sehr wertvollen Edelstein von exquisiter Schönheit in den Händen. Die Farbe, die Konsistenz, der Schliff und die Art und Weise, auf die er das Licht reflektierte, waren außerordentlich. Ich hielt ihn eine Zeitlang in meinen Händen, beobachtete ihn sorgfältig, drang in ihn ein – und ging über ihn hinaus!" Er legte die hohlen Hände zusammen. Dann machte er mit der linken Hand eine schnelle Geste, so als werfe er den Edelstein weg. Mit der rechten Hand tat er dann so, als lege er sich den Edelstein wieder in die Hand, und sagte in dramatischem Tonfall: „*Angst* ist dieses Juwel!" Ich war verblüfft, begeistert und inspiriert. Er hatte gerade ein für seine Lehre absolut zentrales Thema illustriert. Und dies war das letzte Mal, das ich ihn lebend sah.

F: Was hat er gemeint? Was hat er gesagt?

A: Was glauben Sie, was es bedeutet? Dringen Sie in es ein. Finden Sie es heraus! Ich glaube, Krishnamurti wäre sehr glücklich, wenn er sähe, dass ich unser Gespräch auf diese Weise beende.

Rob Preece
Die Weisheit fühlen
ISBN 978-3-86410-102-1

Don Joseph Goewey
Stress für immer besiegen
ISBN 978-3-86410-096-3

Roshi Pat Enkyo O'Hara
ZEN zutiefst intim
ISBN 978-3-86410-101-4

Matthias Ennenbach
Psychosomatik ist die Art und Weise …
ISBN 978-3-86410-099-4

Tanja Seehofer
Yoga gegen Burnout
ISBN 978-3-86410-097-0

Barbara Kündig
Yoga Nidra für Kinder
ISBN 978-3-86410-098-7

www.windpferd.de